실무에서 꼭 필요한 내용을
이론에서 사례까지

부동산 상속세 증여세

머리말

부동산 실무의 현업에서 종사하고 계시는 분들과 이제 부동산 중개업을 준비하는 분들의 고민이 세법인 듯합니다. 부동산 실무를 현장에서 경험하는 분들의 상담 대부분이 세금과 관련된 질문인데 너무나 방대하여 부동산 관련 세법을 정확하게 상담하는 것은 매우 어렵다고 합니다. 이를 위해 현장에서 접할 수 있는 상속세 및 증여세 이론과 사례를 중심으로 상속세 및 증여세 사례집을 출간하게 되었습니다.

이 교재의 특징은 다음과 같습니다.

1. 부동산 실무를 상속세 및 증여세 사례 위주로 정리하였습니다. 실무에서 많이 접하는 상속세 및 증여세 이론과 상담사례를 케이스별로 제시하고 최근 개정법령을 반영한 답변을 정확하게 달아 유사한 상담에 대처할 수 있도록 많은 사례를 제시하고자 노력하였습니다.

2. 부동산 실무를 현장에서 직접 수행하시는 분들의 의견을 최대한 반영하여 수험생활 중 접하지 못했던 상속세 및 증여세의 실무적인 이론과 사례를 실무자적 관점에서 제시하고 정확한 답변을 할 수 있는 방향을 제시하였습니다.

3. 부동산 관련업에 종사하시는 분들의 입장에서 도움이 되는 부동산 실무 지침서가 절실히 필요할 것이라 판단하여 많은 공인중개사분들에게 꼭 필요한 책이 될 수 있도록 상속세 및 증여세 이론과 사례를 적절히 혼합하여 실무에 바로 적용할 수 있도록 간략하면서도 심도 있게 쓰고자 노력하였습니다.

4. 부동산 중개업을 하다 보면 예상치 못한 질문들을 많이 받게 되는데, 상속세 및 증여세 이론과 사례를 정확히 이해하고 있다면 두려움이 조금은 줄어들지 않을까 하는 바람으로 실무사례집을 집필하고 유사한 사례를 스스로 해결할 수 있도록 유사한 사례를 최대한 많이 접할 수 있도록 하였습니다.

아무쪼록 이 상속세 및 증여세 실무사례집이 부동산 중개업을 하는 분들에게 유용한 길잡이로 활용되고, 세금에 대한 상담을 하는데 두려움을 떨치는 한 줄기 빛이 되었으면 합니다.

2024년 8월

편저자 **이송원**

목차

제 1 절
상속세 관련 법령

1. 과세체계 — 4
2. 상속세의 계산구조 — 17
3. 상속세 세율 및 세액공제 — 32
4. 납세절차 — 34
5. 상속재산의 평가 — 36

제 2 절
증여세 관련 법령

1. 과세대상 — 39
2. 납세의무자 — 51
3. 관할관청 — 52
4. 증여재산공제 — 52
5. 증여세 세율 — 58
6. 세액공제 — 59
7. 증여세의 신고와 납부 — 60

제1절 상속세 관련 법령

1 과세체계

1. 상속세와 증여세의 과세방법

(1) 상속세

상속분에 따라 분할하지 아니하고 피상속인의 유산총액을 기준으로 초과누진세율을 적용하는 유산과세형을 취하고 있다. 현재의 상속세에서는 상속인이 몇 명이냐에 관계없이 피상속인의 재산 전체를 하나의 과세단위로 하여 산출세액을 계산한 후 상속인의 상속지분에 의해 산출세액을 안분한다.

> ① 피상속인: 돌아가신 분
> ② 상속인: 유산을 물려받는 유가족
> ③ 상속재산: 피상속인이 남긴 재산

(2) 증여세

수증자가 증여받은 재산가액에 대하여 수증자에게 증여세를 부과하는 유산취득과세형을 취하고 있다.

2. 상속세와 증여세 구분

① 상속세란 돌아가신 분의 재산에 대해 유가족이 납부하는 세금이다. 상속세를 신고하기 위해서는 돌아가신 분(피상속인) 소유의 주택, 자동차, 주식, 예금과 같은 재산을 모두 파악하는 것이 중요하다.

② 증여세란 타인(증여자)으로부터 재산을 무상으로 받은 경우 재산을 받은 자(수증자)가 내야 하는 세금이다. 재산의 종류로는 현금과 귀금속, 부동산 등 금전으로 환산할 수 있는 경제적 가치가 있는 모든 물건을 말하며, 분양권처럼 재산적 가치가 있는 권리도 포함된다.

(1) 유증
증여자의 유언에 의하여 재산의 전부 또는 일부를 무상으로 증여하는 것을 말한다.

(2) 사인증여
생전에 미리 증여 계약을 맺었으나 그 효력의 발생은 증여자의 사망을 요건으로 하는 증여를 말한다.

(3) 특별연고자에 대한 재산분여
「민법」 규정에 의하여 피상속인과 생계를 같이 하던 자, 피상속인의 요양간호를 한 자, 기타 피상속인과 특별한 연고가 있던 자에게 상속재산을 분여하는 것을 말한다.

(4) 협의분할
공동상속인 상호간의 합의에 의해 상속재산을 분할하는 것을 말하는데 이러한 협의분할에 의해 자신의 법정상속지분보다 더 많이 상속받는 부분에 대해서는 상호간의 증여로 보지 아니한다. 이 경우 협의분할의 효과는 상속이 개시된 때에 소급하여 효력이 발생한다. 협의분할은 상속인 전원의 동의가 있어야 효력이 있고 상속인 중의 일부만 동의한 협의분할은 효력이 없게 된다.

(5) 유류분제도
유언에 의하여 재산을 상속하는 경우 피상속인의 의사가 지나치게 감정에 치우치게 되면 여러 사람의 상속인 중 한 사람에게만 재산을 상속하거나 타인에게 전 재산을 유증함으로써 사회적으로 바람직하지 못한 상황이 발생할 수 있다. 그래서「민법」에서는 각 상속인이 최소한도로 받을 수 있는 상속분을 법으로 정하고 있는데 이를 '유류분'이라고 한다. 상속권 있는 상속인의 유류분은 다음과 같다. 형제자매는 유류분 제도에 대한 위헌법률심판으로 유류분을 근거로 한 유류분 반환 청구소송은 제기할 수 없게 되었다.
① 피상속인의 배우자 및 직계비속: 법정상속분의 1/2
② 피상속인의 직계존속: 법정상속분의 1/3(선순위 상속인이 없는 경우에만 해당)

> **참고** 「민법」 제1112조 등 유류분 제도에 대한 위헌법률심판
>
> 형제자매는 상속재산 형성에 대한 기여나 상속재산에 대한 기대가 거의 인정되지 않음에도 불구하고 유류분권을 부여하는 것은 그 타당한 이유를 찾기 어렵다고 지적하며 현행 「민법」이 「헌법」에 어긋난다는 결정을 내렸다. 이전까지 유류분 청구권은 형제자매도 주장할 수 있는 상속 권리였으나, 형제자매는 유류분을 근거로 한 유류분 반환 청구소송은 제기할 수 없게 되었다.
> 배우자와 직계존비속의 법정상속분을 규정한 부분도 유류분 상실 사유를 규정하지 않아 헌법불합치 결정을 내렸다. 부모를 장기간 유기하거나 정신적·신체적으로 학대하는 등 패륜적인 행위를 일삼은 상속인의 유류분을 인정하는 것은 일반 국민의 법감정과 상식에 반한다고 할 것이므로, 유류분 상실 사유를 별도로 규정하지 않은 민법에 대해서도 재판관 전원 일치 의견으로 헌법불합치라고 판단한 것이다. 패륜, 자식 방치 부모 등 구체적인 상황에 따라서는 유류분을 상실할 수 있다는 취지다. 헌법불합치란 국회가 법을 개정할 때까지 효력을 유지하는 결정이다. 2025년 12월 31일을 시한으로 국회가 개정할 때까지만 효력을 유지한다며 입법 개선을 촉구했다.

사례 01 임신 중 남편이 사망할 경우 상속순위

Q 임신 중에 남편이 사망했습니다. 시부모님이 살아 계신 경우에도 남편의 재산은 저(배우자) 혼자 상속하나요 아니면 앞으로 태어날 아기와 함께 상속하나요?

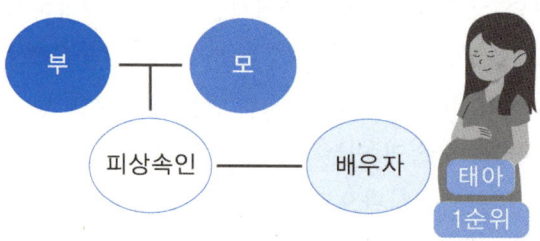

A 상속이 개시되는 시점에 살아있는 사람만이 상속인이 될 수 있지만, 태아의 경우는 예외적으로 태어나지 않았어도 이미 출생한 것으로 본다. 즉, 태아가 상속 개시 시점에는 출생하지 않았더라도 상속 후 출생하면 상속 개시 당시에 상속인인 것으로 본다.
상속순위에 따르면 태아는 피상속인의 직계비속으로 상속 1순위가 된다. 따라서 질문자는 시부모님이 살아 계신 경우라도 남편의 단독상속인이 되는 것이 아니라 태아와 공동으로 상속받게 된다.

참고 상속순위

상속은 다음의 순위대로 정해지며, 선순위에서 상속이 이루어지면 나머지 상속인은 후순위가 되어 상속받지 못한다(예를 들어, 1순위 상속인이 있으면 나머지 2~4순위 상속인은 상속받지 못함).

순위	상속인	비고
제1순위	직계비속(자녀)과 배우자	-
제2순위	직계존속(부모)과 배우자	제1순위가 없는 경우
제3순위	형제자매	제1, 2순위가 없는 경우
제4순위	4촌 이내의 방계혈족(삼촌, 고모, 사촌형제, 사촌자매)	제1, 2, 3순위가 없는 경우

1. 같은 순위의 상속인이 여러 명인 때에는 피상속인과 촌수가 가장 가까운 상속인을 우선순위로 하며, 촌수가 같은 상속인이 여러 명인 때에는 공동상속인으로 한다.
2. 태아는 상속순위를 결정할 때는 이미 출생한 것으로 본다.
3. 배우자는 직계비속과 같은 순위로 공동상속인이 되며, 직계비속이 없는 경우에는 제2순위인 직계존속과 공동상속인이 된다.
4. 직계비속과 직계존속이 없는 경우에는 배우자가 단독 상속인이 된다.

참고 「민법」상 상속분의 비율

「민법」상 법정상속분의 비율은 다음과 같이 배분한다.

구분	상속인	상속분	비율
자녀 및 배우자가 있는 피상속인의 경우	장남, 배우자만 있는 경우	장남 1	2/5
		배우자 1.5	3/5
	장남, 장녀(미혼), 배우자만 있는 경우	장남 1	2/7
		장녀 1	2/7
		배우자 1.5	3/7
	장남, 장녀(출가), 2남, 2녀, 배우자가 있는 경우	장남 1	2/11
		장녀 1	2/11
		2남 1	2/11
		2녀 1	2/11
		배우자 1.5	3/11
자녀는 없고 배우자 및 직계존속(부·모)이 있는 피상속인의 경우		부 1	2/7
		모 1	2/7
		배우자 1.5	3/7

사례 02 상속재산 판단

Q) 시부모님과 남편이 교통사고로 사망했습니다. 장례식이 끝난 후 임신 사실을 알았는데 뱃속의 아기가 시부모님의 재산을 상속받을 수 있나요?

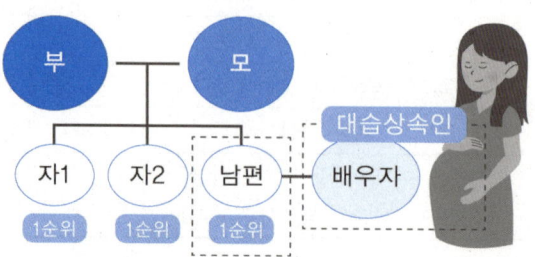

A) 상속개시 시점에 살아있는 사람만이 상속인이 될 수 있지만, 태아의 경우는 예외적으로 실제로 태어나지 않았어도 이미 출생한 것으로 본다. 즉, 태아가 상속개시 시점에는 출생하지 않았더라도 상속 후 출생하면 상속개시 당시에 상속인인 것으로 본다. 남편이 시부모님보다 늦게 사망한 경우에는 남편이 시부모님의 직계비속으로 1순위 상속인이 된다.

그러나 남편이 사망한 경우에는 그 자녀 또는 배우자가 대습상속인이 되어 아버지의 상속분에 해당하는 상속재산을 대신 상속받을 수 있다. 따라서 태아는 며느리와 함께 시부모님의 재산을 상속받게 된다(배우자와 태아의 상속분은 1.5:1의 비율이 됨).

사례 03 미혼인 동생이 사망시 상속순위

Q) 미혼인 동생이 사망했는데, 예금이 꽤 있는 걸로 알고 있습니다. 부모님도 오래 전에 돌아가셔서 상속받을 사람이 없는데 이 재산은 어떻게 처리되나요?

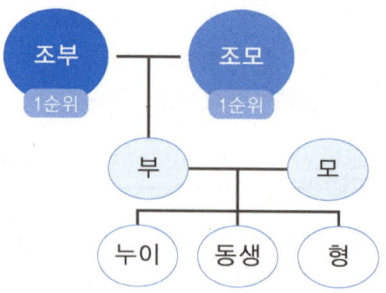

A 동생이 미혼이므로 상속순위 중 1순위는 해당이 없으며, 2순위인 부모님은 이미 돌아가셨으므로 상속인이 될 수 없다. 만일 할아버지, 할머니가 살아 계시면 할아버지, 할머니에게 상속이 이루어진다. 자녀 없이 사망한 미혼 동생의 경우에는 직계존속이 아무도 없어야만 3순위인 형제자매가 동생의 재산을 상속받게 된다.

사례 04 시부모님 재산 상속 가능 여부

Q 가족 간의 불화로 인해 시부모님과 연을 끊은 채 자식을 낳고 살고 있습니다. 남편이 병으로 죽은 후 아이를 혼자 키우느라 경제적으로 무척 어려운 상태입니다. 시부모님은 형편이 넉넉한 편인데, 남편이 사망한 후라도 나중에 시부모님의 재산을 상속받을 수 있나요?

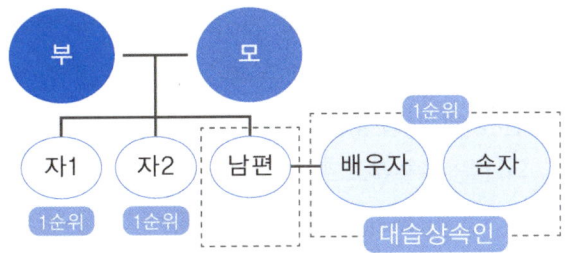

A 시부모에게 연락을 하지 않았다거나 방문을 하지 않았다는 사실은 상속결격사유에 해당되지 않는다. 따라서 질문자와 그 자녀는 남편의 대습상속인으로서 시부모님의 재산을 상속받을 수 있다.

> **Tip ▶ 상속결격사유**
> 다음 어느 하나에 해당하는 경우에는 상속인이 될 수 없다.
> 1. 고의로 직계비속, 피상속인, 그 배우자 또는 상속의 선순위나 동순위에 있는 사람을 살해하거나 살해하려고 한 사람
> 2. 고의로 직계존속, 피상속인과 그 배우자에게 상해를 가해서 사망에 이르게 한 사람
> 3. 사기 또는 강박으로 피상속인의 상속에 관한 유언 또는 유언의 철회를 방해한 사람
> 4. 사기 또는 강박으로 피상속인의 상속에 관한 유언을 하게 한 사람
> 5. 피상속인의 상속에 관한 유언서를 위조·변조·파기 또는 은닉한 사람

사례 05 유류분제도

Q) 甲은 배우자와 아들 2명이 있으나 甲이 사망하면서 본인 재산 50억원 전부를 차남에게 유언으로 상속해 주었습니다. 이 경우 甲의 배우자와 장남은 유류분 청구를 할 수 있나요?

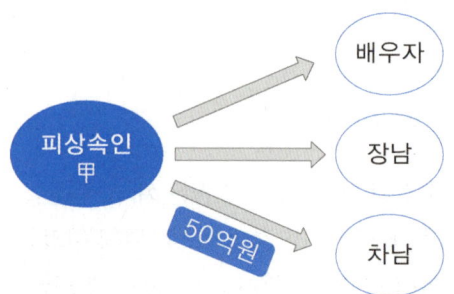

A) 상속재산은 피상속인의 유언에 의한 것이 원칙이지만 법정상속인인 배우자와 장남은 법정상속지분의 1/2에 대해서는 유류분 청구를 할 수 있다.
배우자는 50억원 중에서 법정상속분이 50억원의 7분의 3이 되는데 그 금액(대략 21억원)의 2분의 1을 유류분으로 청구할 수 있고, 장남은 50억원 중에서 법정상속분이 50억원의 7분의 2(대략 14억원)가 되는 그 금액의 2분의 1을 유류분으로 청구할 수 있게 된다.

> **Tip ▶ 유류분 청구**
> 1. 피상속인의 배우자 및 직계비속: 법정상속분의 1/2
> 2. 피상속인의 직계존속: 법정상속분의 1/3(선순위 상속인이 없는 경우에만 해당한다)

사례 06 유류분 청구 가능 금액

Q) 자녀 A, B, C를 둔 거주자 甲은 총 재산 24억원 중 20억원을 자녀 C에게 상속하고, 나머지 4억원을 A와 B에게 각각 2억원씩 주는 것으로 생전에 유언장을 작성하였습니다. 甲이 사망한 후 자녀 A와 B가 C에게 유류분 청구 가능한 금액은?

A) 상속재산은 피상속인의 유언에 의한 것이 원칙이지만 법정상속인인 자녀 A, B는 법정상속지분의 1/2에 대해서는 유류분 청구를 할 수 있다. 자녀 A, B는 총 재산 24억원 중 법정상속분은 각각 8억원(24억원 × 1/3 = 8억원)으로 그 금액의 2분의 1(8억원 × 1/2 = 4억원)을 유류분으로 청구할 수 있게 된다. 그러나 A와 B에게 각각 2억원씩 실제 상속이 이루어졌기 때문에 A와 B가 C에게 유류분 청구 가능한 금액은 각각 2억원이 된다.

구분	기초재산	법정상속 비율	유류분 비율	유류분 가액	유류분 청구가능금액
자녀A	24억원	1/3	1/2	4억원	2억원(유류분 4억원 – 실제 상속분 2억원)
자녀B	24억원	1/3	1/2	4억원	2억원(유류분 4억원 – 실제 상속분 2억원)
자녀C	24억원	1/3	1/2	4억원	–

사례 07 태아를 낙태한 부인의 상속 가능 여부

Q 남편이 사망한 후 태아를 낙태한 부인은 남편의 재산을 상속받을 수 있나요?

A 태아를 낙태한 부인은 남편의 재산을 상속받을 수 없다. 고의로 같은 순위에 있는 상속인을 살해하거나 살해하려고 한 사람은 상속결격자에 해당되어 상속을 받을 수 없게 된다.

법원은 출생하였다면 자신과 같은 순위의 상속인이 될 태아를 고의로 낙태한 경우를 고의로 같은 순위에 있는 상속인을 살해한 경우와 동일한 것으로 보고 있기 때문에 태아를 낙태한 부인의 경우는 상속을 받을 수 없게 된다.

3. 상속포기

상속이 개시되면 피상속인의 재산상의 모든 권리와 의무는 상속인의 의사와는 관계없이 법률상 모두 상속인이 물려받게 된다. 상속재산이 부채보다 많다면 별 문제가 없으나, 부채가 상속 재산보다 많은 경우에도 상속인의 의사를 무시하고 자산과 부채를 모두 상속인에게 승계시킨다면 이는 매우 가혹한 일이다.

왜냐하면 상속재산으로 피상속인의 채무를 전부 갚지 못하므로 상속인 자기의 고유재산을 가지고 갚아야 하기 때문이다. 따라서 「민법」에서는 상속포기제도를 두어 상속인을 보호하고 있다.

(1) 상속포기

① 상속을 포기하고자 하는 경우에는 상속개시가 있음을 안 날로부터 3개월 내에 가정법원에 상속포기 신고를 해야 한다. 그러나 이 기간은 이해관계인 또는 검사의 청구에 의하여 가정법원이 이를 연장할 수 있다(「민법」 제1019조 제1항). 공동상속의 경우에도 각 상속인은 단독으로 상속을 포기할 수 있다.

② 상속을 포기하면 처음부터 상속인이 아니었던 것으로 된다(「민법」제1042조). 즉, 피상속인의 재산상의 모든 권리와 의무는 상속을 포기한 자에게는 승계되지 아니한다.
③ 상속인이 수인인 경우에 어느 상속인이 상속을 포기한 때에는 그 상속분은 다른 상속인의 상속분의 비율로 그 상속인에게 귀속된다(「민법」제1043조).

(2) 한정승인

상속재산으로 자산이 많은지 부채가 많은지 불분명한 때에는 상속으로 인하여 취득할 재산의 한도 내에서 피상속인의 채무를 변제할 것을 조건으로 상속을 승인할 수 있는데 이를 "한정승인"이라 한다.

따라서 한정승인을 하게 되면 상속재산보다 부채가 많다 하더라도 상속인 고유재산을 처분하면서까지 피상속인의 채무를 변제하지 않아도 된다.

상속인이 한정승인을 하고자 하는 경우에도 상속개시가 있음을 안 날로부터 3개월 이내에 상속재산의 목록을 첨부하여 상속개시지의 가정법원에 한정승인의 신고를 하여야 한다.

다만, 상속인에게 중대한 과실이 없이 상속채무가 상속재산을 초과하는 사실을 상속개시일로부터 3개월 이내에 알지 못한 경우에는 그 사실을 안 날로부터 3개월 이내에 한정승인을 할 수 있다. 상속포기나 한정승인은 직접적으로 상속세를 절세하는 방법은 아니나 상속재산보다 부채가 많은 경우에는 상속포기나 한정승인 제도를 이용하면 상속인의 재산을 보호할 수 있다.

사례 08 상속포기

Q 甲은 부친이 사망하여 10억원 상당의 토지와 채무 12억원 상당액을 상속으로 받았습니다. 이처럼 채무가 더 많다면 어떻게 처리해야 하나요?

A 상속인에게 중대한 과실이 없이 상속채무가 상속재산을 초과하는 사실을 상속개시일로부터 3개월 이내에 알지 못한 경우에는 그 사실을 안 날로부터 3개월 이내에 상속포기나 한정승인을 할 수 있다.

상속포기나 한정승인은 직접적으로 상속세를 절세하는 방법은 아니나 상속재산보다 부채가 많은 경우에는 상속포기나 한정승인 제도를 이용하면 상속인의 재산을 보호할 수 있다.

사례 09 상속인이 상속지분을 포기하고 다른 상속인으로부터 현금을 수령한 경우

Q 상속재산의 협의분할시 특정 상속인이 자신의 상속지분을 포기하고 그 대가로 다른 상속인으로부터 현금 등을 수령한 경우에도 상속재산에 포함되나요?

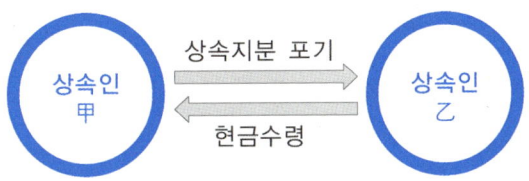

A 상속재산의 협의분할시 특정 상속인이 자신의 상속지분을 포기하고 그 대가로 다른 상속인으로부터 현금 등을 수령한 경우에 그 상속인의 지분에 해당하는 재산은 다른 상속인에게 유상으로 이전된 것으로 본다.

4. 과세대상

(1) **피상속인이 거주자인 경우**: 모든 상속재산
   ① 물권, 채권, 영업권 및 무체재산권뿐만 아니라 신탁수익권, 전화가입권 등 법률상 근거에 불구하고 경제적 가치가 있는 것
   ② 상속개시일 현재 배당금, 무상주를 받을 권리
   ③ 상속개시 전 피상속인이 부동산 양도계약을 체결하고 잔금을 영수하기 전에 사망한 경우에는 양도대금 전액에서 상속개시 전에 영수한 계약금과 중도금을 차감한 잔액
   ④ 상속개시 전 피상속인이 부동산 양수계약을 체결하고 잔금을 지급하기 전에 사망한 경우에는 이미 지급한 계약금과 중도금
   ⑤ 상속개시일 현재 피상속인이 명의신탁한 사실이 명백히 확인되는 재산
   ⑥ 피상속인이 생전에 토지거래계약에 관한 허가구역에 있는 토지를 허가받지 아니하고 매매계약을 체결하여 매매대금의 잔금까지 수령한 경우 당해 토지
   ⑦ 피상속인이 타인과 함께 합유 등기한 부동산은 그 부동산가액 중 피상속인의 몫에 상당하는 가액
   ⑧ 부친이 사망한 후에 부친 소유의 부동산을 자녀의 명의로 증여 등기한 경우 당해 재산

(2) **피상속인이 비거주자인 경우**: 국내에 있는 모든 상속재산

사례 **10** 위자료 청구

Q 시부모가 우리 결혼생활에 심하게 간섭하고 폭언을 일삼는 것 때문에 이혼하게 되었는데 시부모에게 위자료를 청구할 수 있나요?

A 위자료는 이혼의 원인을 제공한 사람에게 청구할 수 있다. 즉, 배우자가 혼인파탄에 책임이 있다면 그 배우자를 상대로, 시부모나 장인·장모 등 제3자가 혼인파탄에 책임이 있다면 그 제3자를 상대로 위자료를 청구할 수 있다.

따라서 시부모의 심히 부당한 대우로 인해 이혼하는 경우에는 시부모에게 위자료를 청구할 수 있다.

판례에 따르면 위자료의 액수는 혼인파탄의 원인과 책임 정도, 재산상태, 혼인기간 및 생활 정도, 직업 등 신분사항, 자녀 양육관계 등을 고려해서 정해지며, 혼인파탄의 원인이 부부 모두에게 있는 경우에는 부부 쌍방이 받은 정신적 고통의 정도, 즉 불법행위책임의 비율에 따라 산정된다.

5. 상속인의 납세의무

상속인 또는 수유자(영리법인은 제외한다)는 상속재산(상속재산에 가산하는 증여재산 중 상속인이나 수유자가 받은 증여재산을 포함한다) 중 각자가 받았거나 받을 재산을 기준으로 계산한 금액을 상속세로 납부할 의무가 있다. 이 경우 상속인이란 「민법」에 따른 상속인을 말하며 상속을 포기한 사람 및 특별연고자를 포함한다. 그리고 수유자란 유증을 받은 자, 사인증여에 의하여 재산을 취득한 자, 유언대용신탁 및 수익자연속신탁에 의하여 신탁의 수익권을 취득한 자를 말한다. 유언대용신탁을 사인증여와 동일하게 취급하여 위탁자의 사망시 증여세를 과세하지 않고 상속재산에 포함하여 상속세로 과세하도록 2021년부터 개정되었다.

6. 상속인 등의 연대납세의무

상속세는 상속인 또는 수유자 각자가 받았거나 받을 재산을 한도로 연대하여 납부할 의무를 진다. 이 경우 "각자가 받았거나 받을 재산"이라 함은 상속으로 인하여 얻은 자산총액에서 부채총액과 그 상속으로 인하여 부과되거나 납부할 상속세를 공제한 가액을 말한다.

사례 11 상속인 등의 연대납세의무

Q 형과 동생이 각각 10억원씩 상속을 받았습니다. 총 상속세가 2억원이 계산돼 형은 1억원을 납부하였는데 동생은 체납을 했습니다. 이 경우 형은 동생의 상속세를 납부할 의무가 있나요?

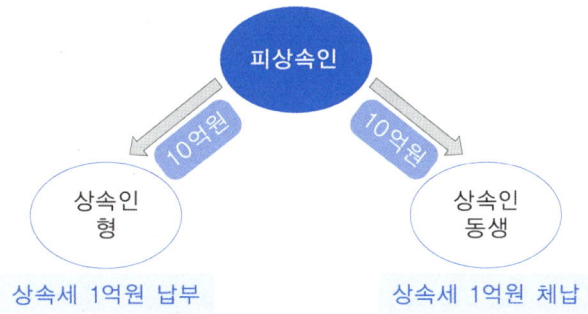

A 상속세는 상속인들 간에 연대납세의무가 있으므로 동생이 내지 않은 상속세에 대하여 형은 납세의무가 있게 된다. 그리고 동생 대신 납부한 상속세에 대해서는 구상권 행사를 위해 소송을 제기할 수 있다.

사례 12 상속세 납부

Q 甲은 상속세 과세가액이 5억원인 상속재산에 대해 상속세 과세표준을 신고하지 않아 가산세를 포함하여 1억 2천만원의 고지서를 받았습니다. 이 경우 상속세를 징수하기 위해 甲 고유재산도 압류할 수 있나요?

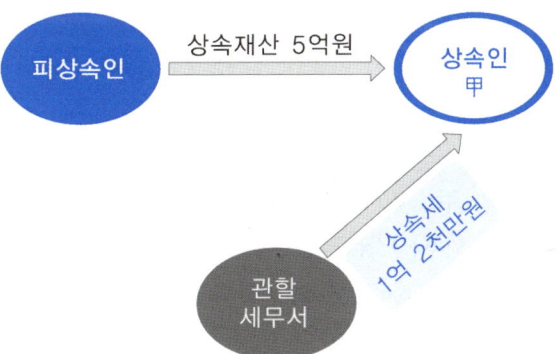

A 상속세의 납세의무는 상속받은 재산가액을 한도로 하는데 상속세 1억 2천만원을 징수하기 위해 甲소유 고유재산에 대해서도 압류할 수 있다.
즉, 상속세를 징수하는 경우 상속받은 재산에 대해서만 압류를 하는 것이 아닌 상속인의 고유재산에 대해서도 압류가 가능하다.

사례 **13** 상속 가능 여부

Q 아버지와 어머니가 동거하던 중 제가 태어났습니다. 이후 아버지는 다른 사람과 결혼해서 자녀를 2명 두고 있었습니다. 며칠 전 아버지가 임종을 앞두고 저를 찾았다고 들었는데 제가 갔을 때는 이미 돌아가신 후였습니다. 유언으로 절 자식으로 인정하고 재산을 나눠준다고 하셨다는데 그게 가능한 건가요?

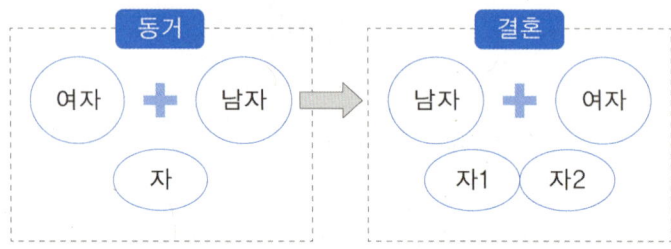

A 혼인 외의 출생자가 아버지의 법적인 자녀로 인정받기 위해서는 인지(어떠한 사실을 분명하게 인식하여 앎)되거나(임의인지, 인지청구소송) 친생자관계 존재 확인 소송을 통해 친생자관계가 있음을 확인받아야 한다.

유언을 통해 생부가 스스로 자신의 자녀임을 인지하면 생부가 사망한 때부터 유언의 효력이 발생해서 생부와 자녀 사이에는 법적 친자관계가 발생한다. 법적 친자관계가 발생하면 당연히 상속관계가 생긴다. 아버지의 인지를 통해 자녀임이 법적으로 인정되었으므로 아버지의 다른 2명의 자녀와 함께 재산을 상속받을 수 있다.

> **Tip ▶ 친생자관계 존재 확인의 소**
> 특정인 사이에 친생자(親生子)관계가 존재하는지를 법적으로 확인받고자 할 때 제기하는 소송이다. 소의 제기기간에는 제한이 없지만, 소의 당사자 일방이 사망한 경우에는 그 사망을 안 날로부터 2년 이내에 제기해야 한다.

7. 관할관청(납세지)

(1) 상속세는 피상속인의 주소지(주소지가 없거나 분명하지 아니한 경우에는 거소지를 말한다)를 관할하는 세무서장(국세청장이 특히 중요하다고 인정하는 것에 대해서는 관할 지방국세청장이 한다)이 과세한다.

상속세는 상속인이 아닌 피상속인 중심의 세금이기 때문에 납세지도 상속인의 주소지가 아닌 피상속인의 주소지가 된다.

(2) 상속개시지가 국외인 경우에는 상속재산 소재지를 관할하는 세무서장 등이 과세하고, 상속재산이 둘 이상의 세무서장 등의 관할구역에 있을 경우에는 주된 재산의 소재지를 관할하는 세무서장 등이 과세한다.

2 상속세의 계산구조

1. 상속재산가액

상속재산이란 피상속인에게 귀속되는 재산으로서 금전으로 환산할 수 있는 경제적 가치가 있는 물건과 재산적 가치가 있는 법률상·사실상의 권리를 말하는 것으로서 주택, 분양권 등은 상속세 과세대상에 해당한다.

(1) 금전으로 환산할 수 있는 경제적 가치가 있는 모든 물건

(2) 재산적 가치가 있는 법률상 또는 사실상의 모든 권리

> **Tip ▶ 양도·양수계약 이행 중 사망한 경우**
> 부동산 매도인이 매매대금 일부만 받고 사망하여 상속인이 잔금을 지급받고 소유권 이전시 그 부동산 자체가 상속재산이 되며 전체 매매대금에서 피상속인에게 지급된 금액을 공제한 나머지 금액을 상속재산으로 한다.

2. 의제상속재산

(1) 의의

상속으로 무상 이전된 재산이 아니더라도 그 실질이 상속에 의한 재산의 무상이전과 동일한 결과가 발생하는 경우에는 상속재산으로 의제하여 상속세를 과세한다.

(2) 생명보험금 또는 손해보험금

① 피상속인의 사망으로 인하여 받는 생명보험 또는 손해보험의 보험금으로서 피상속인이 보험계약자인 보험계약에 의하여 받는 것은 상속재산으로 본다.

② 보험계약자가 피상속인이 아닌 경우에도 피상속인이 실질적으로 보험료를 납부하였을 때에는 상속재산으로 본다.

(3) 신탁재산

① 피상속인이 신탁한 재산은 상속재산으로 본다. 다만, 타인이 신탁의 이익을 받을 권리를 소유하고 있는 경우 그 이익에 상당하는 가액(價額)은 상속재산으로 보지 아니한다.

② 피상속인이 신탁으로 인하여 타인으로부터 신탁의 이익을 받을 권리를 소유하고 있는 경우에는 그 이익에 상당하는 가액을 상속재산에 포함한다.

사례 **14** 상속인 등이 보험료를 부담한 경우

Q 피상속인이 보험계약자 및 피보험자이고 상속인이 보험수익자라 할지라도 실질적으로 상속인이 보험료를 부담한 경우에도 상속재산에 포함되나요?

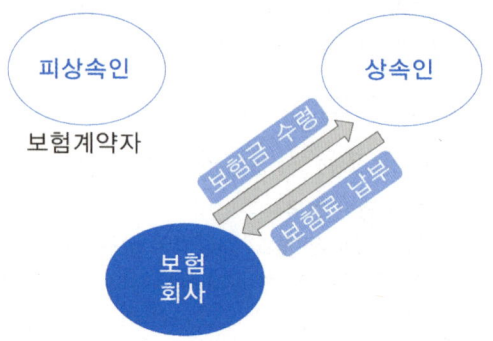

A 피상속인이 보험계약자 및 피보험자이고 상속인이 보험수익자라 할지라도 실질적으로 상속인이 보험료를 부담한 경우 당해 보험금은 상속재산으로 보지 아니한다.

사례 **15** 보험금 수령인이 상속인이 아닌 경우

Q 피상속인의 사망으로 인하여 지급받는 생명보험 또는 손해보험의 보험금으로서 보험계약의 수익자가 상속인이 아닌 경우에도 상속인의 상속재산에 포함되나요?

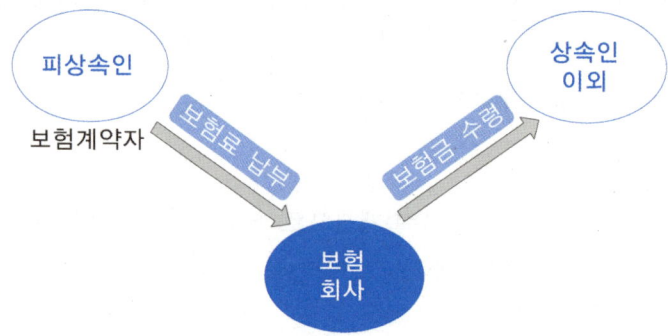

A 피상속인의 사망으로 인하여 지급받는 생명보험 또는 손해보험의 보험금으로서 보험계약의 수익자가 상속인이 아닌 경우에는 상속인이 아닌 자가 유증 등을 받은 것으로 보아 상속재산에 포함된다.

(4) 상속재산으로 보는 퇴직금 등

피상속인에게 지급될 퇴직금, 퇴직수당, 공로금, 연금 또는 이와 유사한 것이 피상속인의 사망으로 인하여 지급되는 경우 그 금액은 상속재산으로 본다. 다만, 다음의 어느 하나에 해당하는 것은 상속재산으로 보지 아니한다.

① 「국민연금법」에 따라 지급되는 유족연금 또는 사망으로 인하여 지급되는 반환일시금
② 「공무원연금법」 또는 「사립학교교직원 연금법」에 따라 지급되는 유족연금, 유족연금부가금, 유족연금일시금, 유족일시금 또는 유족보상금
③ 「군인연금법」에 따라 지급되는 유족연금, 유족연금부가금, 유족연금일시금, 유족일시금 또는 재해보상금
④ 「산업재해보상보험법」에 따라 지급되는 유족보상연금·유족보상일시금·유족특별급여 또는 진폐유족연금
⑤ 근로자의 업무상 사망으로 인하여 「근로기준법」 등을 준용하여 사업자가 그 근로자의 유족에게 지급하는 유족보상금 또는 재해보상금과 그 밖에 이와 유사한 것
⑥ ①부터 ⑤까지와 유사한 것으로서 대통령령으로 정하는 것

사례 16 피상속인의 퇴직금을 상속인이 포기한 경우

Q 피상속인에게 지급하기로 확정된 퇴직금을 상속인이 포기한 경우에도 상속재산에 포함되나요?

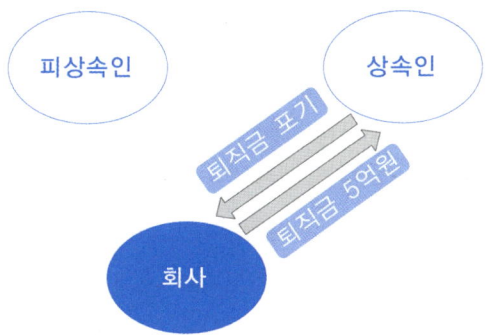

A 피상속인에게 지급하기로 확정된 퇴직금을 상속인이 포기한 경우에는 상속인이 당해 퇴직금을 상속받아 퇴직금 지급의무자에게 증여한 것으로 본다.

사례 17 중학생 딸아이 유언장의 법적 효력

Q 중학생 딸아이가 학교 숙제로 유언장을 작성했는데, 이 유언장이 법적으로 효력이 있나요?

A 유언은 의사능력이 있는 만 17세(유언 적령)에 달한 사람이 할 수 있다. 따라서 만 17세 미만인 사람이나 만 17세 이상이라도 의사능력이 없는 사람은 유효한 유언을 하지 못한다(의사능력 유무의 판단시점은 유언할 때). 이는 의사능력이 있어야 자신의 의사에 따라 자유롭게 유언할 수 있기 때문이다.
따라서 자녀가 작성한 유언은 자필증서라는 유언장의 법적 방식을 충족했음에도 불구하고 만 17세라는 유언 적령에 도달하지 못했기 때문에 법적 효력이 없다.

사례 18 이혼판결이 확정되기 전에 부인 사망

Q 이혼소송 진행 중에 부인이 교통사고로 사망했습니다. 이혼판결이 확정되기 전에 사망했어도 남편이 상속인이 될 수 있나요?

A 남편은 상속인이 될 수 있다. 상속은 피상속인(여기서 부인)이 사망한 때부터 이루어진다. 배우자를 상속할 자격은 혼인신고를 유효하게 한 법률상의 부부인 것으로 충분하며 사망 당시 별거, 이혼소송 여부 등은 전혀 상관없다.

사례 19 거짓말을 해서 유언장 다시 작성

Q 아버지는 저에게 모든 재산을 물려준다는 내용의 유언장을 작성했습니다. 그러던 중 형이 아버지에게 제가 아버지의 재산을 몰래 팔아치웠다고 거짓말을 해서 아버지는 유산을 형에게 모두 물려준다는 내용의 유언장을 새로 작성했습니다. 정말 형이 모든 재산을 물려받나요?

A 거짓말을 해서 유언장을 다시 작성하고 자기에게 재산을 모두 유증하기로 하는 유언장을 작성하도록 한 행위는 유증 결격사유에 해당된다. 유증 결격사유에 해당되는 사람, 즉 유증결격자는 유증을 받지 못한다. 장남의 행위는 유증결격사유에 해당된다. 따라서 장남은 유증결격자로서 유언장에 따른 대로 아버지의 재산을 물려받을 수 없다. 다만, 추후 유류분 반환청구를 통해 상속재산의 일부를 받을 수는 있다.

3. 추정상속재산

피상속인이 재산을 처분하였거나 채무를 부담한 경우로서 다음의 어느 하나에 해당하는 경우에는 이를 상속받은 것으로 추정하여 상속세 과세가액에 산입한다. 그 취지는 과세포착이 어려운 재산으로 바꾸어 상속함으로써 이를 은닉하는 것을 방지하기 위한 데 있다.

구분	구체적 내용
재산처분의 경우	피상속인이 재산을 처분하여 받은 금액이나 피상속인의 재산에서 인출한 금액이 다음 중 어느 하나에 해당하는 경우로서 용도가 객관적으로 명백하지 않은 경우 ① 상속개시일 전 1년 이내에 재산종류별로 계산하여 2억원 이상인 경우 ② 상속개시일 전 2년 이내에 재산종류별로 계산하여 5억원 이상인 경우
채무부담의 경우	피상속인이 부담한 채무를 합친 금액이 다음 중 어느 하나에 해당하는 경우로서 용도가 객관적으로 명백하지 않은 경우 ① 상속개시일 전 1년 이내에 2억원 이상인 경우 ② 상속개시일 전 2년 이내에 5억원 이상인 경우

사례 20 재혼 배우자의 친양자로 입양한 경우

Q 자녀를 데리고 재혼했는데 전 배우자가 사망했습니다. 재혼 후 전혼(前婚) 자녀를 재혼 배우자의 친양자로 입양한 경우 이 자녀가 전 배우자의 재산을 상속받을 수 있나요?

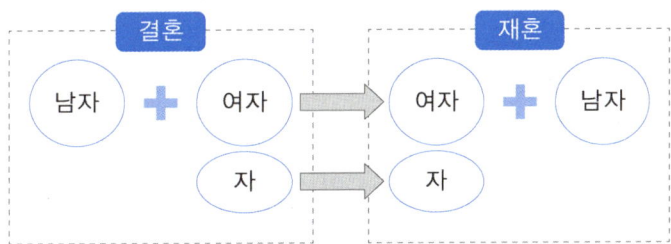

A 재혼하면서 전혼 자녀를 데리고 왔더라도 그 자녀를 입양하지 않거나 일반양자로 입양한 경우에는 전 배우자와 전혼 자녀 사이에 친생 관계가 그대로 존속되기 때문에 전혼 자녀는 전 배우자의 상속인이 되어 상속받을 수 있다. 그러나 재혼 후 전혼 자녀를 재혼 배우자의 친양자로 입양한 경우에는 전 배우자와의 친자관계가 종료되기 때문에 전혼 자녀는 전 배우자의 상속인이 될 수 없다.

4. 증여재산가액

(1) 피상속인이 생존시 증여한 다음의 증여재산가액은 상속재산에 가산한다. 그 취지는 상속세 누진세율 적용의 부담을 경감하기 위한 사전증여행위를 막기 위함이다. 다만, 증여세가 비과세되는 증여재산, 증여세과세가액에 불산입되는 증여재산가액, 합산배제증여재산가액은 상속재산가액에 가산하지 아니한다.

구분	합산기간
피상속인이 상속인에게 증여한 재산가액	상속개시일 전 10년 이내
피상속인이 상속인이 아닌 자에게 증여한 재산가액	상속개시일 전 5년 이내

(2) 비거주자의 사망으로 인하여 상속이 개시되는 경우에는 국내에 있는 재산을 증여한 경우에만 그 증여재산을 상속재산가액에 가산한다.

(3) 상속재산의 가액에 가산하는 증여재산의 가액은 증여일 현재의 시가에 따른다.

사례 21 증여재산가액

Q 甲은 3년 전에 부친으로부터 주택을 증여받아 증여세를 이미 납부했고, 올해 부친의 사망으로 부동산을 상속받아 이에 대해 상속세를 신고하고 상속세를 납부했습니다. 이 경우 3년 전에 증여받은 주택도 합산하여 상속세를 계산하여야 하나요?

A 피상속인이 상속인에게 증여한 재산가액에 대해서는 상속개시일 전 10년 이내에 증여한 재산은 합산하여 상속세를 신고하여야 한다. 이 경우 3년 전에 이미 납부한 증여세는 상속세액에서 기납부세액으로 공제한다.

사례 22 비거주자인 피상속인이 비거주자인 상속인에게 증여한 국외재산의 상속세 과세가액 포함 여부

Q 비거주자인 피상속인이 국외에 있는 재산을 비거주자인 상속인에게 증여하고 피상속인이 거주자가 된 후 사망한 경우, 상속인에게 10년 이내 증여한 재산을 상속세 과세가액에 가산하나요?

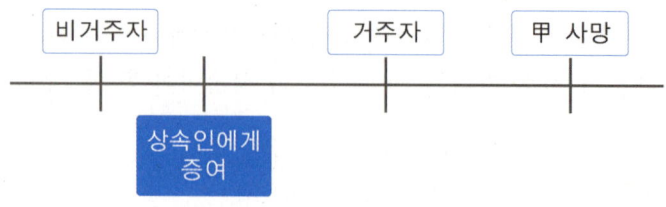

A 피상속인이 증여 당시 「상속세 및 증여세법」 제2조 제8호에 따른 비거주자로서 국외에 있는 재산을 비거주자인 상속인에게 증여하고 거주자가 된 후 사망한 경우, 해당 증여재산은 상속세 과세가액에 가산되지 않는다.

사례 23 상속재산을 재분할하는 경우 증여세 과세 여부

Q 상속세 물납결과 물납 대상에서 제외된 토지(법정상속분으로 등기됨)를 상속인 1인에서 상속인 4인 명의로 균등 재분할하는 경우 증여세가 과세되나요?

A 상속세를 물납하기 위하여 법정상속분으로 등기 등을 하여 물납을 신청하였다가 물납허가를 받지 못하거나 물납재산의 변경명령을 받아 당초의 물납재산을 협의분할에 의하여 재분할하는 경우에는 증여세가 과세되지 아니하는 것이나, 법정상속분으로 등기 등을 하지 아니하고 물납을 신청한 경우에는 증여세가 과세된다.

사례 24 직계존속(시부모, 장인, 장모 등)으로부터 심히 부당한 대우를 받았을 때

Q 시어머니를 모시고 살고 있습니다. 그런데 시어머니가 혼수를 적게 해왔다면서 매일 화를 내고 친정 부모님을 욕하셨습니다. 남편은 좋은 사람이지만 이렇게는 못 살 것 같습니다. 이런 경우에도 이혼할 수 있나요?

A 배우자 또는 그 직계존속(시부모, 장인·장모 등)으로부터 심히 부당한 대우를 받았다면 재판상 이혼을 청구할 수 있다.
배우자 또는 그 직계존속의 심히 부당한 대우란 혼인관계의 지속을 강요하는 것이 가혹하다고 여겨질 정도로 배우자 또는 직계존속으로부터 폭행, 학대 또는 모욕을 당하는 것을 말한다. 심히 부당한 대우는 개개의 구체적인 사안에 따라 그 정도와 상황을 고려해서 평가된다.

사례 25 부동산 매매계약 이행 중인 재산의 상속재산 포함 여부

Q 상속개시 전 피상속인이 부동산 양도계약을 체결하고 잔금을 받기 전에 사망한 경우 상속개시 전에 받은 계약금과 중도금을 상속재산에 포함하나요?

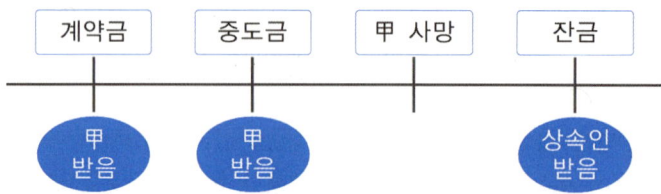

A
1. 양도계약: 상속개시 전 피상속인이 부동산 양도계약을 체결하고 잔금을 받기 전에 사망한 경우에는 양도대금 전액에서 상속개시 전에 받은 계약금과 중도금을 뺀 잔액을 그 상속재산의 가액으로 한다.
2. 양수계약: 상속개시 전 피상속인이 부동산 양수계약을 체결하고 잔금을 지급하기 전에 사망한 경우에는 이미 지급한 계약금과 중도금을 상속재산에 포함한다.

참고 안심상속 원스톱 서비스

1. 신청자격 및 이용절차
   ① 신청자격
      ㉠ 「민법」상 제1순위 상속인(직계비속, 배우자). 제1순위 상속인이 없는 경우는 2순위 상속인(직계존속, 배우자) 신청 가능하고 1·2순위 없는 경우, 3순위(형제자매) 신청 가능(증명서류 필요)
      ㉡ 대습상속인
      ㉢ 실종선고자의 상속인
   ② 신청방법
      ㉠ 사망신고할 때 가까운 시청이나 구청, 읍·면·동 주민센터 방문하여 신청
      ㉡ 사망신고 이후에 신청할 경우에는 사망일이 속한 달의 말일부터 6월 이내 신청 가능
   ③ 구비서류
      ㉠ 상속인이 신청할 경우에는 상속인 본인의 신분증 지참
      ㉡ 대리인이 신청할 경우에는 대리인의 신분증, 상속인의 위임장, 상속인의 본인 서명 사실 확인서(또는 인감증명서) 지참
      ㉢ 사망신고 이후에 신청할 경우에는 가족관계증명서 제출
2. 조회내용
   ① 금융거래: 예금보험공사, 은행, 우체국, 생명보험, 손해보험, 금융투자회사, 여신전문금융회사, 저축은행, 새마을금고, 산림조합, 신용협동조합, 한국예탁원, 종합금융회사, 대부업 CB에 가입한 대부업체 협회
      * 전국은행연합회, 신보·기신보, 한국주택금융공사, 한국장학재단, 미소금융중앙재단, NICE평가정보, KCB, KED, 한국자산관리공사 포함

    ② 기타 재산
        ㉠ 국세: 국세 체납액 및 납부기한이 남아있는 미납 국세, 환급세액
        ㉡ 국민연금: 국민연금 가입 유무
        ㉢ 토지: 개인별 토지 소유 현황
        ㉣ 지방세: 지방세 체납내역 및 납부기한이 남아있는 미납 지방세, 환급세액
        ㉤ 자동차: 자동차 소유내역
 3. 조회결과 확인방법
    ① 상속인이 사망자 재산조회 통합처리 신청서에 기입한 조회결과 확인방법에 따라 안내
    ② 토지·자동차·지방세 정보는 7일 이내, 금융거래·국세·국민연금정보는 20일 이내에 결과 확인
    ③ 금융 거래, 국민연금: 각 기관의 홈페이지에서 조회
        ㉠ 금융감독원: www.fss.or.kr
        ㉡ 국민연금공단: www.nps.or.kr
    ④ 국세(국세청): 국세청 홈택스(www.hometax.go.kr)에서 조회
    ⑤ 토지, 지방세, 자동차: 직접 방문수령, 우편, 문자(SMS) 중 선택

5. 비과세 상속재산

(1) 전사자 등에 대한 비과세

전사(戰死)나 그 밖에 이에 준하는 사망 또는 전쟁이나 그 밖에 이에 준하는 공무의 수행 중 입은 부상 또는 질병으로 인한 사망으로 상속이 개시되는 경우에는 상속세를 부과하지 아니한다.

(2) 비과세되는 상속재산

다음에 규정된 재산에 대해서는 상속세를 부과하지 아니한다.
① 국가, 지방자치단체 또는 대통령령으로 정하는 공공단체에 유증(사망으로 인하여 효력이 발생하는 증여를 포함한다) 또는 사인증여한 재산
② 「문화재보호법」에 따른 국가지정문화재 및 시·도지정문화재와 보호구역에 있는 토지
③ 「민법」에 규정에 따라 제사를 주재하는 상속인(다수의 상속인이 공동으로 제사를 주재하는 경우에는 그 공동으로 주재하는 상속인 전체를 말한다)을 기준으로 다음에 해당하는 재산
    ㉠ 피상속인이 제사를 주재하고 있던 선조의 분묘에 속한 9,900제곱미터(3,000평) 이내의 금양임야. 다만, 합계액이 2억원을 초과하는 경우에는 2억원을 한도로 한다.

ⓒ 분묘에 속한 1,980제곱미터(600평) 이내의 묘토인 농지. 다만, 합계액이 2억원을 초과하는 경우에는 2억원을 한도로 한다.
　　ⓒ 족보와 제구. 다만, 합계액이 1,000만원을 초과하는 경우에는 1,000만원을 한도로 한다.
④ 정당이나 사내근로복지기금·우리사주조합·근로복지진흥기금에 유증 또는 사인증여한 재산
⑤ 사회통념상 인정되는 이재구호금품, 치료비 및 그 밖에 이와 유사한 것으로서 불우한 자를 돕기 위하여 유증 등을 한 재산
⑥ 상속재산 중 상속인이 상속세 과세표준 신고기한 이내에 국가, 지방자치단체 또는 공공단체에 증여한 재산

6. 과세가액 공제액

(1) 거주자의 사망으로 상속이 개시된 경우

거주자의 사망으로 인하여 상속이 개시되는 경우에는 상속개시일 현재 피상속인이나 상속재산에 관련된 다음의 가액 또는 비용은 상속재산의 가액에서 뺀다.

① 공과금: 공과금이라 함은 상속개시일 현재 피상속인이 납부할 의무가 있는 것으로서 상속인에게 승계된 조세·공공요금 기타 이와 유사한 것을 말한다. 이러한 공과금은 귀책사유가 피상속인에게 있는 것만 공제하므로 상속개시일 이후 상속인의 귀책사유로 납부한 가산금, 체납처분비, 벌금, 과료, 과태료 등은 공제하지 아니한다.

② 장례비용: 장례비용은 다음 구분에 의한 금액을 합한 금액으로 한다.

구분	공제금액
피상속인의 사망일부터 장례일까지 장례에 직접 소요된 금액	500만원 미만인 경우에는 500만원으로 하고 그 금액이 1천만원을 초과하는 경우에는 1천만원으로 한다.
봉안시설 또는 자연장지의 사용에 소요된 금액	500만원을 초과하는 경우에는 500만원으로 한다.

③ 채무: 채무라 함은 명칭여하에 관계없이 상속개시 당시 피상속인이 부담하여야 할 확정된 채무로서 공과금 외의 모든 부채를 말한다. 다만, 피상속인이 진 다음의 증여채무는 채무로 공제하지 아니한다. 그 취지는 사망을 앞두고 이루어진 증여채무는 상속세 회피목적의 가공채무일 가능성이 크기 때문에 채무로 공제하지 않는다.
　　㉠ 상속개시일 전 10년 이내에 피상속인이 상속인에게 진 증여채무
　　㉡ 상속개시일 전 5년 이내에 피상속인이 상속인이 아닌 자에게 진 증여채무

사례 26 병원비를 지출한 경우

Q: 甲은 최근에 사망했습니다. 그동안 병원 생활을 하면서 2천만원을 甲의 카드로 결제했는데 이에 대한 비용을 어떻게 처리하여야 하나요?

A: 병원 생활을 하면서 2천만원을 甲씨 카드로 결제했다면 2천만원은 상속재산에서 미리 차감되었거나 미지급된 경우에는 채무로서 상속재산에서 차감된다.

(2) 비거주자의 사망으로 상속이 개시되는 경우

비거주자의 사망으로 인하여 상속이 개시되는 경우에는 다음의 가액 또는 비용은 상속재산의 가액에서 뺀다. 장례비용은 공제되지 않음에 주의하여야 한다.
① 국내에 소재하는 상속재산에 관한 공과금
② 국내에 소재하는 상속재산을 목적으로 하는 유치권(留置權), 질권, 전세권, 임차권(사실상 임대차계약이 체결된 경우를 포함한다), 양도담보권·저당권 또는 「동산·채권 등의 담보에 관한 법률」에 따른 담보권으로 담보된 채무
③ 피상속인의 사망 당시 국내에 사업장이 있는 경우로서 그 사업장에 갖춰 두고 기록한 장부에 의하여 확인되는 사업상의 공과금 및 채무

7. 상속공제

(1) 기초공제

거주자나 비거주자의 사망으로 상속이 개시되는 경우에는 상속세 과세가액에서 2억원을 공제한다. 이처럼 비거주자의 사망으로 상속이 개시된 경우에는 기초공제만을 적용하며, 다른 인적공제와 물적 공제는 적용하지 않는다.

(2) 그 밖의 인적공제

① 공제액: 거주자의 사망으로 상속이 개시되는 경우로서 다음의 자가 있는 때에는 다음의 공제액을 인원수의 제한 없이 상속세 과세가액에서 공제한다. 이러한 기타 인적공제는 공제요건에 해당하는 자가 상속의 포기 등으로 상속을 받지 아니하는 경우에도 적용한다.

구분	요건	공제액
자녀공제	나이와 동거 여부 무관	1인(태아 포함)당 5,000만원
연로자공제	상속인(배우자 제외) 및 동거가족 중 65세 이상인 자	1인당 5,000만원
미성년자 (태아 포함)공제	상속인(배우자 제외) 및 동거가족 중 19세 미만인 자	1,000만원 × 19세가 될 때까지의 연수
장애인공제	상속인(배우자 포함) 및 동거가족 중 장애인인 자	1,000만원 × 기대여명의 연수

㉠ 동거가족이란 상속개시일 현재 피상속인이나 사실상 부양하고 있는 직계존비속(배우자의 직계존비속을 포함한다) 및 형제자매를 말한다.
㉡ 미성년자공제를 할 때 연수의 계산에 있어서 1년 미만의 기간은 1년으로 한다.
㉢ 기대여명 연수란 상속개시일 현재 통계청장이 고시하는 성별·연령별 기대여명연수를 말한다.

② 중복공제 여부: 동일인이 둘 이상의 인적공제대상이 되는 경우 자녀공제는 미성년자공제와 중복공제되며, 장애인공제는 다른 인적공제 및 배우자공제와 중복 적용된다. 그러나 나머지 공제는 중복하여 적용받을 수 없다.
㉠ 자녀가 연로자인 경우 자녀공제와 연로자공제를 중복 적용받을 수 없다.
㉡ 자녀가 미성년자인 경우 자녀공제와 미성년자공제는 중복 적용받을 수 있다.
㉢ 자녀가 장애인인 경우 자녀공제와 장애인공제는 중복 적용받을 수 있다.
㉣ 배우자가 연로자인 경우 배우자공제와 연로자공제를 중복 적용받을 수 없다.
㉤ 배우자가 장애인인 경우 배우자공제와 장애인공제는 중복 적용받을 수 있다.

사례 27 손자의 인적공제 여부

Q 손자가 피상속인의 재산으로 생계를 유지하는 경우에는 인적공제 대상이 될 수 있나요?

A 손자가 피상속인의 재산으로 생계를 유지하는 경우에는 인적공제 대상이나, 그의 부모가 부양능력이 있는 경우에는 인적공제를 받을 수 없다.

(3) 일괄공제의 선택
① 원칙: 거주자의 사망으로 상속이 개시되는 경우에 상속인이나 수유자는 기초공제(2억원)와 그 밖의 인적공제를 합친 금액과 일괄공제(5억원) 중 큰 금액을 선택하여 공제받을 수 있다. 일괄공제를 선택하더라도 배우자공제를 받을 수 있다.

② 선택의 배제: 다음의 경우에는 일괄공제 선택이 불가능하다.
  ㉠ 상속세과세표준 신고기한 내에 과세표준의 신고가 없는 경우: 일괄공제(5억원)를 적용한다.
  ㉡ 피상속인의 배우자가 단독으로 상속(상속인이 그 배우자 단독인 경우)받는 경우: 기초공제와 그 밖의 인적공제액을 합친 금액으로만 공제한다. 이 경우 공동상속인이 상속포기를 함에 따라 배우자가 단독으로 상속받은 경우에는 일괄공제를 적용할 수 있다.

(4) 배우자 상속공제

① 거주자의 사망으로 배우자가 실제 상속받은 금액은 상속세 과세가액에서 공제한다. 다만, 그 금액은 상속재산의 가액에 「민법」 제1009조에 따른 배우자의 법정상속분(공동상속인 중 상속을 포기한 사람이 있는 경우에는 그 사람이 포기하지 아니한 경우의 배우자 법정상속분을 말한다)을 곱하여 계산한 금액에서 상속재산에 가산한 증여재산 중 배우자에게 증여한 재산에 대한 과세표준을 뺀 금액(그 금액이 30억원을 초과하는 경우에는 30억원)을 한도로 한다.
② 배우자 상속공제는 상속세 과세표준 신고기한의 다음 날부터 6개월이 되는 날까지 배우자의 상속재산을 분할한 경우에 적용한다. 이 경우 상속인은 상속재산의 분할사실을 배우자 상속재산 분할기한까지 납세지 관할 세무서장에게 신고하여야 한다.
③ 배우자가 실제 상속받은 금액이 없거나 상속받은 금액이 5억원 미만이면 상속세 신고 여부와 무관하게 5억원을 공제한다.
④ 배우자공제는 법정배우자에게만 해당하고 사실혼 관계에 있는 배우자는 해당하지 않는다.

사례 28 배우자 상속포기시 상속공제

Q 배우자가 상속을 포기하는 경우 배우자 상속공제의 혜택은 어떻게 되나요?

A 상속인이 인적공제 대상자로서 상속포기 등으로 상속을 받지 않은 경우에도 인적공제는 가능하다. 따라서 피상속인의 배우자가 있는 경우 배우자가 상속포기를 해도 배우자 상속공제는 최소 5억원까지 가능하다.

| 사례 29 | 부부가 같은 날에 사망한 경우 배우자 상속공제

Q 부부가 같은 날에 사망한 경우 배우자 상속공제 적용은 어떻게 적용하나요?

A 1. 동시에 사망한 경우: 부와 모가 동시에 사망하였을 경우 상속세의 과세는 부와 모의 상속재산에 대하여 각각 개별로 계산하여 과세하며, 이 경우 배우자 상속공제는 적용되지 않는다.
2. 같은 날에 시차를 두고 사망한 경우: 부와 모가 같은 날에 시차를 두고 사망한 경우 상속세의 과세는 부와 모의 재산을 각각 개별로 계산하여 과세하되 먼저 사망한 자의 상속세 계산시 배우자 상속공제를 적용하고, 나중에 사망한 자의 상속세 과세가액에는 먼저 사망한 자의 상속재산 중 그의 지분을 합산하고 단기재상속에 대한 세액공제를 한다.

(5) 가업상속공제 및 영농상속공제

거주자의 사망으로 가업 또는 영농 등을 상속받는 경우에는 다음의 금액을 공제한다. 가업상속공제 및 영농상속공제는 동일한 상속재산에 대하여 동시에 적용하지 아니한다.

구분	공제액
가업상속	1. 피상속인이 10년 이상 20년 미만 계속하여 경영한 경우: 300억원 2. 피상속인이 20년 이상 30년 미만 계속하여 경영한 경우: 400억원 3. 피상속인이 30년 이상 계속하여 경영한 경우: 600억원
영농상속	MIN(①, ②) ① 영농 등 상속재산가액 ② 한도: 30억원

(6) 동거주택 상속공제

① 거주자의 사망으로 상속이 개시되는 경우로서 다음의 요건을 모두 갖춘 경우에는 상속주택가액(「소득세법」에 따른 주택부수토지의 가액을 포함한다)의 100분의 80에 상당하는 금액을 상속세 과세가액에서 공제한다. 다만, 그 공제할 금액은 5억원을 한도로 한다.

> 동거주택상속공제액 = MIN(상속주택가액 × 80%, 5억원)

㉠ 피상속인과 상속인(직계비속인 경우로 한정한다)이 상속개시일부터 소급하여 10년 이상(상속인이 미성년자인 기간은 제외한다) 계속하여 하나의 주택에서 동거할 것

② 피상속인과 상속인이 상속개시일부터 소급하여 10년 이상 계속하여 1세대를 구성하면서 1세대 1주택에 해당할 것. 이 경우 무주택인 기간이 있는 경우에는 해당 기간은 1세대 1주택에 해당하는 기간에 포함한다.
③ 상속개시일 현재 무주택자로서 피상속인과 동거한 상속인이 상속받은 주택일 것
② 피상속인과 상속인이 다음의 사유에 해당하여 동거하지 못한 경우에는 계속하여 동거한 것으로 보되, 그 동거하지 못한 기간은 동거기간에 산입하지 아니한다.
㉠ 징집
㉡ 취학, 근무상 형편 및 질병 요양의 사유로서 기획재정부령으로 정하는 사유
㉢ 위와 비슷한 사유로서 기획재정부령으로 정하는 사유
③ 공제액: MIN(㉠, ㉡)
㉠ 주택가액(주택에 딸린 토지가액 포함) × 40%
㉡ 한도: 5억원

사례 30 자녀가 피상속인과 거주하며 봉양한 경우

Q 자녀가 아버지 주택에서 함께 거주하며 봉양하던 중 아버지가 사망하면서 그 주택을 상속받았습니다. 이 경우 세금혜택이 있는지요?

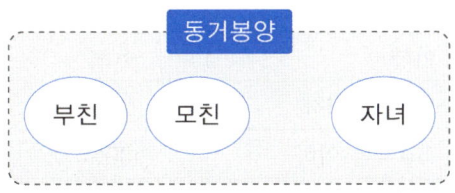

A 피상속인을 봉양한 경우 동거주택 상속공제를 받을 수 있다. 요건에 맞으면 피상속인과 동거하던 주택의 가격에서 최대 6억원까지 공제받을 수 있다. 예를 들어 동거하던 주택의 가격이 5억원이라면 5억원 전액이 공제되고, 10억원이라면 6억원만 공제된다.

1. 10년 이상 계속하여 1세대 1주택에 동거하여야 한다. 군복무 등으로 불가피하게 연속하여 거주하지 못한 경우에도 기간을 총 합산하여 10년 이상 동거하였다면 공제 가능하다. 다만, 자녀가 미성년자였던 기간은 제외된다. 1세대 1주택을 판단할 때에는 무주택자였던 기간도 포함되며, 일시적으로 2주택을 보유한 경우 일시적 2주택 기간도 포함된다.

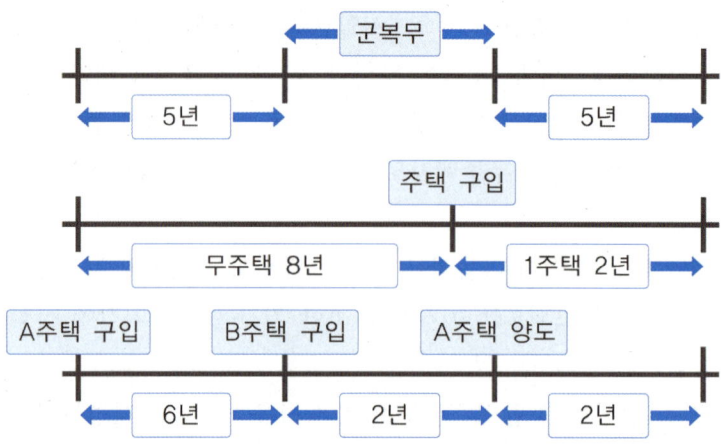

2. 피상속인과 동거한 자녀가 주택을 상속받아야 한다. 이 때 동거한 자녀가 주택의 일부를 상속받더라도 그 지분에 해당하는 금액만큼 공제가 된다. 예를 들어 동거한 자녀가 10억원의 주택 중 50%만 상속받을 경우 5억원을 공제받을 수 있다. 배우자는 피상속인과 동거하였더라도 동거주택 상속공제가 적용되지 않는다.

3 상속세 세율 및 세액공제

1. 일반적인 세율

상속세는 과세표준에 5단계 초과누진세율을 적용하여 계산한 금액으로 한다.

과세표준	세율	누진공제
1억 이하	10%	–
1억원 초과 ~ 5억원 이하	20%	1천만원
5억원 초과 ~ 10억원 이하	30%	6천만원
10억원 초과 ~ 30억원 이하	40%	1억 6천만원
30억원 초과	50%	4억 6천만원

2. 세대를 건너뛴 상속에 대한 할증과세 특례

상속인이나 수유자가 피상속인의 자녀를 제외한 직계비속인 경우에는 상속세 산출세액에 상속재산 중 그 상속인 또는 수유자가 받았거나 받을 재산이 차지하는 비율을 곱하여 계산한 금액의 100분의 30(피상속인의 자녀를 제외한 직계비속이면서 미성년자에 해당하는 상속인 또는 수유자가 받았거나 받을 상속재산의 가액이 20억원을 초과하는 경우에는 100분의 40)에 상당하는 금액을 가산한다. 다만, 「민법」에 따른 대습상속(代襲相續)의 경우에는 그러하지 아니하다.

사례 31 대습상속시 할증과세 여부

Q 상속포기에 따라 후순위 상속인이 상속받게 되는 경우에도 대습상속으로 보아 할증과세를 적용하지 않나요?

A 1. 「민법」에 따른 대습상속의 경우에는 자의적으로 세대를 건너뛴 것이 아니므로 할증과세하지 아니한다.
2. 상속포기에 따라 후순위 상속인이 상속받게 되는 경우에는 자의적으로 상속을 포기한 경우로 대습상속이 아니므로 상속인이 피상속인의 자녀가 아닌 경우 할증과세 대상이다.

3. 단기재산상속에 대한 세액공제

상속개시 후 10년 이내에 상속인이나 수유자의 사망으로 다시 상속이 개시되는 경우에는 다음의 금액을 상속세 산출세액에서 공제한다.

> 공제액 = {전의 상속세 산출세액 × [재상속분의 재산가액 × (전의 상속세 과세가액) / 전의 상속재산가액]/전의 상속세 과세가액} × 공제율

(1) 재상속분의 재산가액이란 전의 상속재산가액에서 전의 상속세 상당액을 뺀 것을 말한다.

(2) 공제율이란 다음과 같이 1년에 10씩 체감한 율을 적용한다.

재상속기간	공제율	재상속기간	공제율
1년 이내	100%	6년 이내	50%
2년 이내	90%	7년 이내	40%
3년 이내	80%	8년 이내	30%
4년 이내	70%	9년 이내	20%
5년 이내	60%	10년 이내	10%

4. 신고세액공제

(1) 상속세 과세표준을 신고한 경우에는 상속세 산출세액에서 다음의 금액을 공제한 금액의 100분의 3에 상당하는 금액을 공제한다.
① 징수를 유예받은 금액
② 산출세액에서 공제되거나 감면되는 금액

(2) 신고세액공제는 신고기한 이내에 신고한 자에 대하여 적용하는 것이므로 신고한 과세표준에 대한 납부세액을 자진납부하지 아니한 경우에도 신고세액공제는 적용한다.

4 납세절차

1. 과세표준의 신고

(1) 상속세 납부의무가 있는 상속인 또는 수유자는 상속개시일이 속하는 달의 말일부터 6개월(피상속인이나 상속인이 외국에 주소를 둔 경우에는 9개월) 이내에 상속세의 과세가액 및 과세표준을 납세지 관할 세무서장에게 신고하여야 한다.

(2) 상속세 신고기한까지 상속인이 확정되지 아니한 경우에는 그 신고와는 별도로 상속인이 확정된 날부터 30일 이내에 확정된 상속인의 상속관계를 적어 납세지 관할 세무서장에게 제출하여야 한다.

2. 결정기한

세무서장 등은 상속세 과세표준 신고기한으로부터 9개월 이내에 납세자가 신고한 과세표준과 세액을 결정하여야 한다.

3. 분할납부

납부할 금액이 1천만원을 초과하는 경우에는 그 납부할 금액의 일부를 납부기한이 지난 후 2개월 이내에 분할납부할 수 있다. 다만, 연부연납을 허가받은 경우에는 분할납부할 수 없다.

구분	분할납부 세액
납부할 세액이 1천만원 초과 2천만원 이하인 경우	1천만원을 초과하는 금액
납부할 세액이 2천만원 초과하는 경우	그 세액의 100분의 50 이하인 금액

4. 물납

납세지 관할 세무서장은 다음의 요건을 모두 갖춘 경우에는 납세의무자의 신청을 받아 물납을 허가할 수 있다. 다만, 물납을 신청한 재산의 관리·처분이 적당하지 아니하다고 인정되는 경우에는 물납허가를 하지 아니할 수 있다.

(1) 상속재산(상속재산에 가산하는 증여재산을 포함한다) 중 부동산과 유가증권(국내에 소재하는 부동산 등 물납에 충당할 수 있는 재산으로 한정한다)의 가액이 해당 상속재산가액의 2분의 1을 초과할 것

(2) 상속세 납부세액이 2천만원을 초과할 것

(3) 상속세 납부세액이 상속재산가액 중 금융재산의 가액을 초과할 것

사례 32 환급받은 물납재산 다른 세목 체납액에 충당할 수 있는지 여부

Q 상속세 경정청구에 의하여 물납재산을 환급하는 경우, 물납재산을 상속인의 타 세목 체납액에 충당할 수 있는지요?

A 납세자가 「상속세 및 증여세법」에 따라 상속세 및 증여세를 물납한 후 그 부과의 전부 또는 일부를 취소하거나 감액하는 경정 결정으로 「국세기본법」에 따라 해당 물납재산을 환급받는 경우에는 충당의 규정을 적용하지 않는 것이기 때문에 환급 받은 물납재산은 타 세목의 체납세액 등에 충당할 수 없는 것이다.

사례 33 물납재산을 금전으로 환급할 사유에 해당하는지 여부

Q 상속세를 주식으로 물납한 후 상속세 일부를 감액하는 경정 후에 물납자산이 일부 매각된 경우, 일부 매각된 금액 상당액의 금전으로 환급하여야 하는 것인지 아니면 잔여 물납주식으로 환급하여야 하는 것인지요?

A 납세자가 상속세를 주식으로 물납한 후 과세관청이 환급결정하는 경우에는 해당 물납재산으로 환급하여야 하는 것으로, 물납한 주식 중 일부가 매각되었다 하더라도 잔여 물납 주식이 있는 경우에는 그 잔여 물납주식으로 환급하는 것이다.

5. 고액상속인에 대한 사후관리

세무서장 등은 결정된 상속재산의 가액이 30억원 이상인 경우로서 상속개시 후 5년 이내에 상속인이 보유한 부동산, 주식, 그 밖에 주요재산의 가액이 상속개시 당시에 비하여 크게 증가한 경우에는 그 결정한 과세표준과 세액에 탈루 또는 오류가 있는지를 조사하여야 한다. 다만, 상속인이 그 증가한 재산의 자금 출처를 증명한 경우에는 그러하지 아니하다.

6. 상속세 부과권의 제척기간

(1) 일반적인 경우

① 사기 기타 부정한 행위가 있는 경우, 무신고 또는 거짓신고·누락신고의 경우: 15년
② 위 이외의 경우: 10년(정상적인 신고)

(2) 포탈상속·증여재산이 50억원을 초과하는 경우

납세자가 사기 기타 부정한 행위로 상속세 및 증여세를 포탈하는 경우로서 다음에 해당하는 경우에는 15년의 제척기간에 불구하고 해당 재산의 상속 또는 증여가 있음을 안 날부터 1년 이내에 상속세 및 증여세를 부과할 수 있다. 다만, 상속인이나 증여자 및 수증자가 사망한 경우와 포탈세액 산출의 기준이 되는 재산가액이 50억원 이하인 경우에는 이러한 특례제척기간은 적용하지 않는다.

① 제3자의 명의로 되어 있는 피상속인 또는 증여자의 재산을 상속인 또는 수증자가 보유하고 있거나 그 자의 명의로 실명전환을 한 경우
② 계약에 의하여 피상속인이 취득할 재산이 계약이행 기간 중에 상속이 개시됨으로써 등기·등록 또는 명의개서가 이루어지지 않아 상속인이 취득한 경우
③ 국외에 소재하는 상속 또는 증여재산을 상속인 또는 수증자가 취득한 경우
④ 등기·등록 또는 명의개서가 필요하지 않은 유가증권·서화·골동품 등 상속 또는 증여재산을 상속인 또는 수증자가 취득한 경우
⑤ 수증자 명의로 되어 있는 증여자의 금융자산을 수증자가 보유하고 있거나 사용·수익한 경우
⑥ 「상속세 및 증여세법」 제3조 제2호에 따른 비거주자인 피상속인의 국내재산을 상속인이 취득한 경우

5 상속재산의 평가

1. 평가방법

(1) 상속세나 증여세가 부과되는 재산의 가액은 상속개시일 또는 증여일 현재의 시가(時價)에 따른다. 이 경우 주권상장주식과 코스닥상장주식의 가액은 그 평가액을 시가로 본다.

(2) 시가는 불특정 다수인 사이에 자유롭게 거래가 이루어지는 경우에 통상적으로 성립된다고 인정되는 가액으로 하고 수용가격·공매가격 및 감정가격 등에 따라 시가로 인정되는 것을 포함한다.

(3) 시가를 산정하기 어려운 경우에는 해당 재산의 종류, 규모, 거래 상황 등을 고려하여 보충적평가 방법으로 평가한 가액을 시가로 본다.

(4) 상속재산의 가액에 가산하는 증여재산의 가액은 증여일 현재의 시가에 따른다.

2. 시가의 범위

시가란 불특정다수인 사이에 자유롭게 거래가 이루어지는 경우에 통상적으로 성립된다고 인정되는 가액을 말한다. 이 경우 평가기간[평가기준일 전후 6개월(증여재산의 경우는 3개월)을 말한다] 이내의 기간 중 다음의 금액이 확인되는 경우에는 그 금액도 시가로 본다.

이 경우 해당 재산과 면적·위치·용도·종목 및 기준시가가 동일하거나 유사한 다른 재산에 대하여 다음의 가액[상속세 또는 증여세 과세표준을 신고한 경우에는 평가기준일 전 6개월(증여의 경우에는 3개월)부터 평가기간 이내의 신고일까지의 가액을 말한다]이 있는 경우에는 해당 가액을 시가로 본다.

(1) 해당 재산에 대한 매매사실이 있는 경우에는 그 거래가액. 다만, 다음의 어느 하나에 해당하는 경우에는 제외한다.
   ① 그 거래가액이 특수관계인과의 거래 등으로 그 거래가액이 객관적으로 부당하다고 인정되는 경우
   ② 거래된 비상장주식의 가액(액면가액의 합계액을 말한다)이 다음의 금액 중 적은 금액 미만인 경우
       ㉠ 액면가액의 합계액으로 계산한 해당 법인의 발행주식총액 또는 출자총액의 100분의 1에 해당하는 금액
       ㉡ 3억원

(2) 해당 재산(주식 및 출자지분을 제외한다)에 대하여 2 이상의 공신력 있는 감정기관이 평가한 감정가액이 있는 경우에는 그 감정가액의 평균액

(3) 해당 재산에 대하여 수용·경매 또는 공매사실이 있는 경우에는 그 보상가액·경매가액 또는 공매가액

3. 보충적 평가방법

시가를 산정하기 어려운 경우에는 해당 재산의 종류, 규모, 거래 상황 등을 고려하여 보충적 평가방법으로 평가한 가액을 시가로 본다.

구분	평가방법
토지	① 일반지역: 개별공시지가 ② 국세청장이 지정하는 지역: 개별공시지가 × 국세청장이 정하는 배율
건물	국세청장이 산정·고시하는 가액
오피스텔·상업용 건물	국세청장이 토지와 건물가액을 일괄하여 산정·고시한 가액
주택	개별주택가액 및 공동주택가액
부동산을 취득할 수 있는 권리	평가기준일까지 불입한 금액과 평가기준일 현재의 프리미엄에 상당하는 금액의 합계액
시설물 및 구축물	평가기준일에 그것을 다시 건축하거나 다시 취득할 때 소요되는 가액에서 그것의 설치일부터 평가기준일까지의 감가상각비 상당액을 차감한 가액

제 2 절 증여세 관련 법령

1 과세대상

1. 완전포괄주의 증여

다음의 어느 하나에 해당하는 증여재산에 대해서는 증여세를 부과한다.
① 무상으로 이전받은 재산 또는 이익
② 현저히 낮은 대가를 주고 재산 또는 이익을 이전받음으로써 발생하는 이익이나 현저히 높은 대가를 받고 재산 또는 이익을 이전함으로써 발생하는 이익. 다만, 특수관계인이 아닌 자 간의 거래인 경우에는 거래의 관행상 정당한 사유가 없는 경우로 한정한다.
③ 재산 취득 후 해당 재산의 가치가 증가한 경우의 그 이익. 다만, 특수관계인이 아닌 자 간의 거래인 경우에는 거래의 관행상 정당한 사유가 없는 경우로 한정한다.
④ 신탁이익의 증여 등에 해당하는 경우의 그 재산 또는 이익
⑤ 배우자 등에게 양도한 재산의 증여 추정이나 재산 취득자금 등의 증여 추정에 해당하는 경우의 그 재산 또는 이익

2. 증여의제의 경우

명의신탁재산의 증여의제, 특수관계법인과의 거래를 통한 이익의 증여의제, 특수관계법인으로부터 제공받은 사업기회로 발생한 이익의 증여의제, 특정법인과의 거래를 통한 이익의 증여의제의 규정에 해당하는 경우에는 그 재산 또는 이익을 증여받은 것으로 보아 그 재산 또는 이익에 대하여 증여세를 부과한다.

3. 10년 이내 동일인으로부터 증여받은 재산

① 해당 증여일 전 10년 이내에 동일인(증여자가 직계존속인 경우에는 그 직계존속의 배우자를 포함한다)으로부터 받은 증여재산가액을 합친 금액이 1천만원 이상인 경우에는 그 가액을 증여세 과세가액에 가산한다. 다만, 증여재산 합계액이 1천만원 미만인 경우 합산하지 않는다.
② 증여세과세가액에 가산하는 증여재산가액이 있는 경우에는 그 증여재산에 대한 당초의 증여세산출세액은 이중과세방지를 위하여 납부세액공제로 차감한다.

4. 증여재산의 반환

수증자가 증여재산(금전 제외)을 당사자 간의 합의에 따라 증여세 과세표준 신고기한 이내에 증여자에게 반환하는 경우(반환하기 전에 과세표준과 세액을 결정받은 경우는 제외한다)에는 처음부터 증여가 없었던 것으로 보며, 증여세 과세표준 신고기한이 지난 후 3개월 이내에 증여자에게 반환하거나 증여자에게 다시 증여하는 경우에는 그 반환하거나 다시 증여하는 것에 대해서는 증여세를 부과하지 아니한다.

	반환 또는 재증여시기	당초 증여에 대한 증여세 과세 여부	반환 증여재산에 대한 증여세 과세 여부
금전	금전(시기에 관계없음)	과세	과세
금전 외	증여세 신고기한 이내(증여받은 날이 속하는 달의 말일부터 3개월 이내)	과세 제외	과세 제외
	신고기한 경과 후 3개월 이내(증여받은 날이 속하는 달의 말일부터 6개월 이내)	과세	과세 제외
	신고기한 경과 후 3개월 후(증여받은 날이 속하는 달의 말일부터 6개월 후)	과세	과세
	증여재산 반환 전 증여세가 결정된 경우	과세	과세

사례 34 증여받은 재산의 일부를 신고기한 내 다시 증여

Q 2023년 9월 본인 명의로 분양권을 취득하였습니다. 2024년 6월 20일 배우자에게 분양권 지분의 50%를 증여하였다가 2024년 7월 3일 배우자가 본인에게 분양권 지분의 20% 다시 증여하는 계약서를 작성하여 본인 70%, 배우자 30%로 지분을 최종 변경하였습니다. 배우자가 증여세 신고시 최종적으로 증여받은 30% 지분에 대해서만 신고를 하면 되는지요?

A 수증자가 증여받은 재산(금전 제외)의 일부를 당사자 간의 합의에 의하여 증여세 과세표준 신고기한(증여받은 날이 속하는 달의 말일부터 3개월) 이내에 증여자에게 다시 증여하는 경우도 반환한 것으로 보아 처음부터 증여가 없었던 것으로 보는 것이며, 이 경우 신고할 증여재산가액은 당초 증여재산가액에서 다시 증여하는 재산가액을 차감(최종적으로 증여받은 30% 지분)한 가액이며 증여일은 당초 증여일이 되는 것이다.

| 사례 35 | 증여받은 재산의 일부 반환시 증여세 과세여부 |

Q 「상속세 및 증여세법」 제31조 제4항 본문에 의하면 '당사자의 합의에 따라 신고기한 이내에 반환하는 경우에는 처음부터 증여가 없는 것으로 본다.'고 하였는데 부동산을 증여받은 후 동 물건의 지분 1/2을 반환하는 경우에도 이 규정이 적용되는지요?

A 「상속세 및 증여세법」 제31조 제4항의 규정에 의하여 증여받은 재산(금전을 제외함)을 당사자 사이의 합의에 따라 신고기한 이내에 증여자에게 반환하는 경우에는 처음부터 증여가 없었던 것으로 보는 것이며 이 규정은 당초 증여받은 재산 중 일부만 증여자에게 반환하는 경우에도 그 반환 받은 부분에 대하여 적용되는 것이다.

5. 비과세되는 증여재산

다음의 어느 하나에 해당하는 금액에 대해서는 증여세를 부과하지 아니한다.
① 국가나 지방자치단체로부터 증여받은 재산의 가액
② 내국법인의 종업원으로서 우리사주조합에 가입한 자가 해당 법인의 주식을 우리사주조합을 통하여 취득한 경우로서 그 조합원이 소액주주의 기준에 해당하는 경우 그 주식의 취득가액과 시가의 차액으로 인하여 받은 이익에 상당하는 가액
③ 「정당법」에 따른 정당이 증여받은 재산의 가액
④ 「근로복지기본법」에 따른 사내근로복지기금이나 그 밖에 이와 유사한 것으로서 대통령령으로 정하는 단체가 증여받은 재산의 가액
⑤ 사회통념상 인정되는 이재구호금품, 치료비, 피부양자의 생활비, 교육비, 그 밖에 이와 유사한 다음의 것으로서 해당 용도에 직접 지출한 것
　㉠ 학자금 또는 장학금 기타 이와 유사한 금품
　㉡ 기념품·축하금·부의금 기타 이와 유사한 금품으로서 통상 필요하다고 인정되는 금품
　㉢ 혼수용품으로서 통상 필요하다고 인정되는 금품
　㉣ 타인으로부터 기증을 받아 외국에서 국내에 반입된 물품으로서 당해 물품의 관세의 과세가격이 100만원 미만인 물품
　㉤ 무주택근로자가 건물의 총 연면적이 85제곱미터 이하인 주택(주택에 부수되는 토지로서 건물연면적의 5배 이내의 토지를 포함한다)을 취득 또는 임차하기 위하여 사내근로복지기금으로부터 증여받은 주택취득보조금 중 그 주택취득가액의 100분의 5 이하의 것과 주택임차보조금 중 전세가액의 100분의 10 이하의 것
　㉥ 불우한 자를 돕기 위하여 언론기관을 통하여 증여한 금품

⑥ 「신용보증기금법」에 따라 설립된 신용보증기금이나 그 밖에 이와 유사한 단체가 증여받은 재산의 가액
⑦ 국가, 지방자치단체 또는 공공단체가 증여받은 재산의 가액
⑧ 장애인을 보험금 수령인으로 하는 보험으로서 「장애인보장법」에 의하여 등록한 「장애인 및 국가유공자 등 예우 및 지원에 관한 법률」의 규정에 의하여 등록한 상이자를 수익자로 한 보험의 보험금(연간 4천만원을 한도로 비과세한다)
⑨ 「국가유공자 등 예우 및 지원에 관한 법률」에 따른 국가유공자의 유족이나 「의사상자 등 예우 및 지원에 관한 법률」에 따른 의사자(義死者)의 유족이 증여받은 성금 및 물품 등 재산의 가액

사례 36 상속등기 후 재산분배

Q 상속재산을 상속인들이 법정지분으로 등기 이전한 후 상속인들이 상속받은 재산을 동생에게 무상으로 이전한 경우 증여세가 과세되나요?

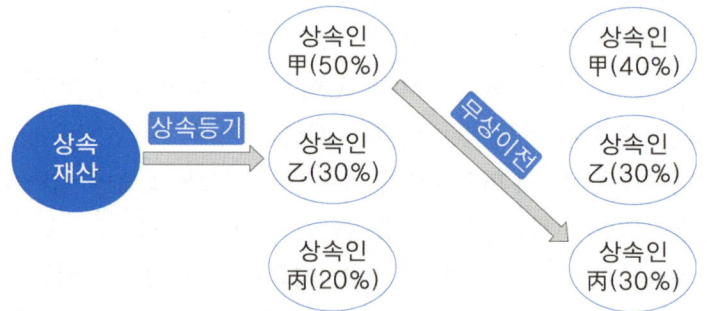

A 상속받은 재산을 특정인에게 무상으로 이전하는 것은 증여에 해당하므로 증여세를 내야만 한다.

사례 37 증여 추정

Q 토지를 아버지와 공동명의로 소유하다가 아버지의 지분을 본인에게 양도한 경우 양도소득세가 과세되나요 아니면 증여세가 과세되나요?

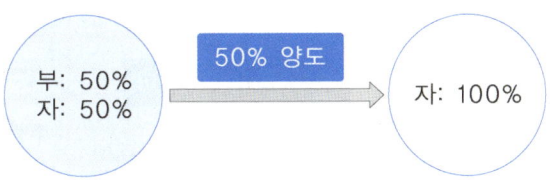

A 배우자나 직계존비속 간의 양도에는 증여로 추정하기 때문에 양도소득세가 아닌 증여세로 의심을 하게 된다. 다만, 본인의 소득금액이나 소유재산의 처분대금으로 양수대가를 지급한 사실이 확인되는 때에는 증여로 보지 않고 양도소득세가 과세된다.

사례 38 부담부증여

Q 甲은 시가 5억원인 건물을 증여하려고 합니다. 甲의 건물에는 은행 대출금 2억원의 근저당이 설정되어 있습니다. 이 건물을 아들 乙에게 증여하면서 대출금도 아들 乙이 인수할 것을 조건으로 하고 있습니다. 이 경우 세금문제는 어떻게 되나요?

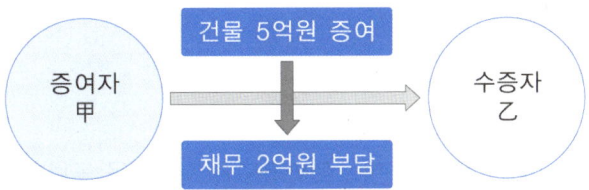

A 재산을 증여받으면서 채무를 인수하는 것을 부담부증여라고 한다. 이런 경우 아들 乙이 인수한 2억원은 대가를 지급한 것으로 인정되기 때문에 증여자인 甲에게 양도소득세가 부과되고, 인수한 대출금을 차감한 3억원에 대해서는 수증자인 乙에게 증여세가 부과된다.

사례 39 부담부증여

Q 부모님으로부터 시가 3억원의 아파트를 받았습니다. 동 아파트에는 은행차입금이 1억원 정도 남아 있는데 이는 자식인 본인이 상환할 예정입니다. 이 경우 증여세 금액은 어떻게 계산하나요?

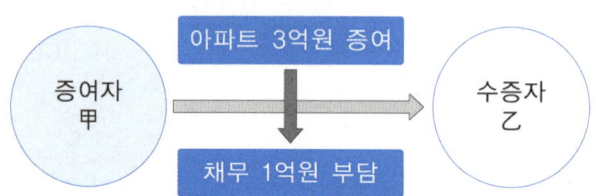

A 배우자나 직계존비속 간 부담부증여에 대해서는 수증자가 증여자의 채무를 인수한 경우에도 해당 채무액을 공제하지 않는 것이 원칙이다. 그러나 채무부담계약서, 채권자 확인서, 이자지급에 관한 증빙 등 실제로 부담하게 되는 것이 입증되는 채무이거나 객관적으로 채무인수 사실이 확인되는 경우에는 채무액을 공제할 수 있다. 수증자가 채무를 인수한 부분에 대해서는 양도소득세를 내야 하고, 채무 인수 이외의 부분에는 증여세를 내야 한다.

사례의 경우 1억원에 대해서는 증여자가 양도소득세(양도일이 속하는 달의 말일부터 3개월 이내)를 내야 하고 2억원에 대해서는 수증자가 증여세(증여일이 속하는 달의 말일부터 3개월 이내)를 내야 한다.

사례 40 재산분할청구

Q A씨는 결혼 후 20년 동안 남편의 뒷바라지와 자녀만을 돌보아 온 전업주부입니다. 그러나 사정에 의해 남편과 이혼하기로 합의하고 이혼절차를 진행 중에 있습니다. 현재 대부분의 재산은 남편 명의로 되어 있기 때문에 A씨는「민법」상의 재산분할청구권을 행사하고자 하는데 이에 의해 취득하는 재산에 대해서 증여세를 내야 하나요?

A 재산분할에 따라 취득한 재산은 재산형성 기여도에 따라 자산의 정당한 몫을 받은 것으로 보므로 이에 대해서는 취득세 외의 별다른 세금을 과세하지 않는다.

사례 41 토지 무상 사용이익

Q. 아버지 소유의 토지 위에 건물을 신축하여 사용하는 경우 아버지에게 토지 사용에 대한 대가를 반드시 드려야 하는지, 만약 드리지 않으면 증여세를 납부해야 하나요?

A. 건물(해당 토지 소유자와 함께 거주할 목적으로 소유하는 주택은 제외)을 소유하기 위해 특수관계가 있는 자의 토지를 무상으로 사용하는 경우에는 토지 무상 사용이익을 토지소유자로부터 증여받은 것으로 본다.

사례 42 증여받은 재산 양도

Q. 甲은 10년 전에 토지를 5,000만원에 구입했습니다. 이 토지의 시세가 급등하여 현재 시가가 6억원이어서 이를 양도하면 세금이 너무 많아 배우자 乙에게 증여 후 양도하고자 합니다. 乙이 토지를 6억원에 증여받고 바로 6억원에 양도하는 경우 양도소득세를 내지 않을 수 있나요?

A. 배우자가 증여받은 재산을 증여받은 날로부터 10년 이내에 양도할 때에는 취득가액을 증여받은 금액인 6억원으로 하는 게 아닌 甲이 당초 취득한 가액인 5,000만원으로 계산한다. 그러나 증여받은 후 수용되거나 증여한 甲이 사망한 경우에는 10년 이내에 양도하여도 수증자인 乙이 증여받은 가액인 6억원을 취득가액으로 한다.

사례 43 부모님의 치료비를 대납하는 경우

Q. 부모님의 치료비를 대납하는 경우 증여재산에 해당하나요?

A. 생활형편이 좋지 않은 부모님의 치료비를 대납하는 경우에는 비과세된 증여재산에 해당하지만, 생활형편이 좋은 부모님의 치료비를 대납하는 경우에는 증여재산에 해당하여 증여세가 나올 수 있으니 주의하여야 한다.

사례 44 자녀에게 2천만원 증여하고 그 돈으로 주식 매입

Q 미성년자인 자녀 명의로 주식계좌를 개설하여 2천만원을 입금하고 부모가 직접 주식투자를 하면 증여세 문제가 발생하는지요?

A 사회통념상 인정되는 용돈, 생활비 등은 증여세 비과세 대상으로, 일반적으로 자녀가 용돈 등의 명목으로 증여받아 실제로 용돈, 생활비 등으로 사용하면 증여세가 비과세된다. 다만, 용돈 등의 명목으로 증여받아 예금에 가입하거나 주식, 부동산 등의 매입자금으로 사용하면 증여세를 내야 한다.
부모가 자녀에게 금전을 증여한 후 자녀에게 투자수익을 얻게 할 목적으로 계속적·반복적으로 자녀명의 증권계좌를 통해 주식투자를 함으로써 투자수익을 얻은 경우, 자녀가 얻은 투자수익은 부모의 기여에 의하여 자녀가 무상으로 이익을 얻은 것이므로 추가로 증여세 과세대상이 될 수 있다는 점을 유의해야 한다.

사례 45 분양대금을 대납한 경우

Q 자녀가 부모 명의로 분양권계약 체결하고 분양대금을 자녀가 지급해오다 자녀 명의로 분양권 명의를 변경하는 경우 증여에 해당하나요?

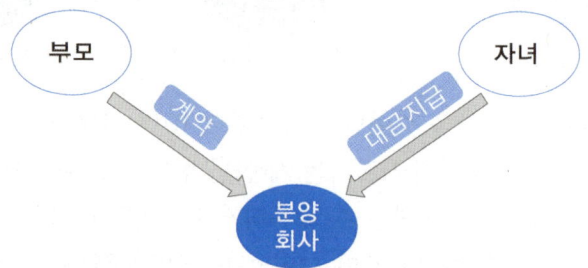

A 아파트분양권에 대한 실제 소유자가 자녀인 경우로서 편의상 부모 명의로 분양계약을 체결한 후 분양대금을 자녀의 대금으로 지급하고 실제 소유자인 자녀 명의로 아파트분양권에 대한 소유권을 이전하는 경우에는 증여세가 과세되지 아니한다. 다만, 아파트를 우선적으로 분양받을 수 있는 권리를 가진 부모의 지위를 이용하여 자녀가 아파트를 분양받은 경우에 해당한다면 분양권 당첨 권리를 통해 얻은 프리미엄 상당액을 증여받은 것으로 보아 증여세를 과세한다.

사례 46 혼수용품으로 전세보증금을 주는 경우

Q 혼수용품으로 전세보증금을 주는 경우에는 비과세되는 증여재산에 해당하나요?

A 혼수용품으로서 통상 필요하다고 인정되는 금품은 비과세되는 증여재산에 해당하는데 혼수용품으로 전세보증금을 주는 경우에는 증여세가 과세되는 증여재산에 해당한다.

사례 47 분양권을 공동명의로 변경

Q 자녀가 부모 명의로 분양권계약 체결하고 분양대금을 자녀가 지급해오다 자녀와 부모 공동명의로 전환시 주의해야 할 점은 어떤 것이 있나요?

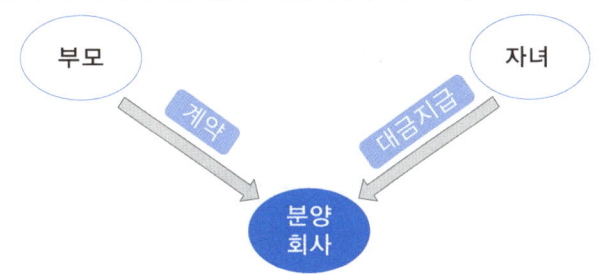

A 자녀가 부모 명의로 분양권계약 체결하고 분양대금을 자녀가 지급해오다 자녀와 부모 공동명의로 전환시 프리미엄을 포함한 가격이 분양권 가격이 되므로 이 금액을 기준으로 증여세를 따져야 한다. 이때 대출금이 승계되면 인수한 대출금은 양도로 보아 양도소득세가 부과(부담부증여)될 수 있다.

사례 48 증여받은 재산을 유류분 권리자에게 반환하는 경우

Q 피상속인의 증여에 의하여 재산을 수증받은 자가 「민법」에 따라 증여받은 재산을 유류분 권리자에게 반환한 경우에도 증여재산에 포함하나요?

A 피상속인의 증여에 의하여 재산을 수증받은 자가 「민법」 제1115조에 따라 증여받은 재산을 유류분 권리자에게 반환한 경우 그 반환한 재산가액은 당초부터 증여가 없었던 것이며, 유류분을 반환받은 상속인은 유류분으로 반환받은 해당 재산에 대하여 상속세 납세의무를 지는 것이다.
증여받은 재산을 금전으로 환가하여 유류분 권리자에게 반환하는 경우에는 유류분 권리자가 상속받은 재산을 양도한 것으로 보아 양도소득세가 과세된다.

사례 49 위자료로 받은 재산의 증여재산 포함 여부

Q 이혼 등에 의하여 정신적 또는 재산상 손해배상의 대가로 받는 위자료를 증여재산에 포함하나요?

A 이혼 등에 의하여 정신적 또는 재산상 손해배상의 대가로 받는 위자료는 조세포탈의 목적이 있다고 인정되는 경우를 제외하고는 이를 증여로 보지 아니한다.

사례 50 보험료 불입자와 수취인이 동시에 사망한 경우 과세방법

Q 보험료 불입자와 보험금 수취인이 동시에 사망하여 보험료 불입자에 대한 상속재산으로 상속세가 과세되는 경우에도 증여세가 부과되나요?

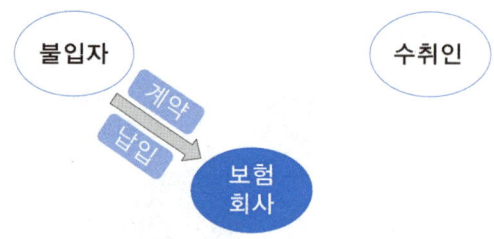

A 보험료 불입자와 보험금 수취인이 동시에 사망하여 보험료 불입자에 대한 상속재산으로 상속세가 과세되는 경우 보험금 수취인에 대한 증여세는 과세하지 않는다.

사례 51 예금계좌에 입금된 현금의 증여시기

Q 증여목적으로 타인명의의 예금계좌를 개설하여 현금을 입금한 경우 증여시기는 언제인가요?

A 증여목적으로 타인명의의 예금계좌를 개설하여 현금을 입금한 경우 그 입금시기에 증여한 것으로 보는 것이나, 입금시점에 타인이 증여 받은 사실이 확인되지 않는 경우나 단순히 예금계좌로 예치되는 경우는 타인이 당해 금전을 인출하여 사용한 날에 증여한 것으로 본다.

사례 52 증여자가 증여세를 납부하였을 경우 증여 여부

Q 증여자가 증여세를 납부하였을 경우에도 증여로 보아 수증자에게 증여세를 과세하나요?

A
1. 증여자가 연대납세의무자로서 납부하는 증여세액은 수증자에게 증여한 것으로 보지 아니한다.
2. 증여자가 수증자에 대한 증여세 연대납세의무가 없는 상태에서 수증자를 대신하여 납부한 증여세액은 채무면제 등에 따른 증여이익에 해당하므로 수증자에게 증여세가 과세된다.

사례 53 양수자의 양수대금 지급의무를 제3자가 인수한 경우

Q 양수자의 양수대금 지급의무를 제3자(배우자 포함)가 인수하여 부동산 등으로 대물변제한 경우 세금관계는 어떻게 되나요?

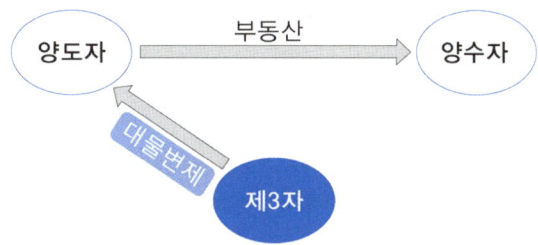

A 양수자의 양수대금 지급의무를 제3자(배우자 포함)가 인수하여 부동산 등으로 대물변제한 경우 제3자는 양도소득세 납세의무가 있으며 양수자에게는 양수대금 변제로 인한 이익 상당액에 대하여 증여세가 과세된다.

사례 54 부모 소유 주택을 무상사용하는 경우

Q 부모 소유의 주택을 무상으로 사용하는 경우 증여세가 과세되나요?

A 부모 소유의 주택을 무상으로 사용하는 경우에는 원칙적으로 무상사용이익에 대하여 증여세를 과세하나 주택소유자와 함께 거주하는 경우에는 증여세를 과세하지 않는다.

사례 55 부모 소유 주택을 시세보다 저렴하게 매입

Q 아버지가 보유한 시가 8억원 상당의 주택을 매매대금으로 3억원만 드리고 취득하려고 합니다. 매매대금의 일부를 주고 주택을 취득하는데도 증여세가 과세되는지요?

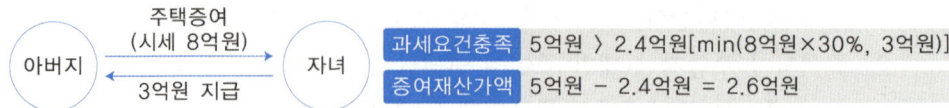

과세요건충족 5억원 〉 2.4억원[min(8억원×30%, 3억원)]
증여재산가액 5억원 − 2.4억원 = 2.6억원

A 특수관계인으로부터 재산을 시가보다 낮은 가액으로 취득하는 경우로서 그 대가와 시가의 차액이 기준금액 이상이면 낮은 가액으로 취득하여 이익을 얻게 된 자가 증여세를 내야 한다.

> **저가양수에 따른 이익의 증여**
> 1. 과세요건: 대가와 시가의 차액 ≧ min(시가의 30%, 3억원)
> 2. 증여재산가액 = 대가와 시가의 차액 − min(시가의 30%, 3억원)

사례 56 부모에게 돈을 빌린 경우

Q 주택 취득자금 중 일부를 부모님에게 빌리려고 합니다. 무이자나 저리로 빌려도 증여세가 과세되지 않는 한도가 있다고 하는데 정확한 기준이 무엇인지요?

A 일반적으로 부모님에게 금전을 빌린 경우 증여받은 것으로 추정하여 증여세가 과세될 수 있으나, 금전을 빌리고 갚은 사실이 차용증서, 이자지급사실 등에 의하여 객관적으로 명백하게 입증되면 금전소비대차계약으로 인정되어 증여세가 과세되지 않는다. 다만, 부모님에게 추후 원금을 갚지 않으면 증여한 것으로 보아 증여세가 과세될 수 있는 점 유의하시기 바랍니다.

금전을 무이자 또는 적정 이자율(현행 연 4.6%)보다 저리로 빌려 계산된 증여재산가액이 1천만원 이상(1년 기준)이면 증여세가 과세되고, 1천만원 미만(1년 기준)이면 증여세가 과세되지 않는다.

2 납세의무자

1. 본래의 납세의무자

(1) 수증자는 다음의 구분에 따른 증여재산에 대하여 증여세를 납부할 의무가 있다.
   ① 수증자가 거주자(본점이나 주된 사무소의 소재지가 국내에 있는 비영리법인을 포함)인 경우: 증여세 과세대상이 되는 모든 증여재산
   ② 수증자가 비거주자(본점이나 주된 사무소의 소재지가 외국에 있는 비영리법인을 포함)인 경우: 증여세 과세대상이 되는 국내에 있는 모든 증여재산

(2) 증여재산에 대하여 수증자에게 「소득세법」에 따른 소득세 또는 「법인세법」에 따른 법인세가 부과되는 경우에는 증여세를 부과하지 아니한다.

2. 증여자의 연대납세의무

증여자는 다음의 어느 하나에 해당하는 경우에는 수증자가 납부할 증여세를 연대하여 납부할 의무가 있다.
① 수증자의 주소나 거소가 분명하지 아니한 경우로서 증여세에 대한 조세채권(租稅債權)을 확보하기 곤란한 경우
② 수증자가 증여세를 납부할 능력이 없다고 인정되는 경우로서 체납처분을 하여도 증여세에 대한 조세채권을 확보하기 곤란한 경우
③ 수증자가 비거주자인 경우
④ 명의신탁재산의 증여의제에 따라 재산을 증여받은 것으로 보는 경우

사례 57 증여세 대납

Q A씨는 아들에게 땅을 증여하여 증여세가 2,000만원이 과세되었으나 아들이 증여세를 납부할 능력이 없어 대신 세금을 내주었다. 이 경우에도 증여세가 과세되나요?

A 증여세를 대납한 경우에는 세법상 증여자가 연대납세의무(수증자의 행방불명, 주소 및 거소 불분명)에 해당되어 대납한 경우는 수증자에게 증여한 것으로 보지 않는다. 증여자가 수증자에 대한 증여세 연대납세의무가 없는 상태에서 수증자를 대신해서 납부한 증여세 대납액은 채무면제 등에 따른 증여이익에 해당하므로 수증자에게 증여세가 과세된다.

3 관할관청

(1) 증여세는 수증자의 주소지(주소지가 없거나 분명하지 아니한 경우에는 거소지를 말한다)를 관할하는 세무서장 등이 과세한다. 다만, 수증자가 비거주자인 경우 또는 수증자의 주소 및 거소가 분명하지 아니한 경우에는 증여자의 주소지를 관할하는 세무서장 등이 과세한다.

(2) 다음의 어느 하나에 해당하는 경우에는 증여재산의 소재지를 관할하는 세무서장 등이 과세한다.
① 수증자와 증여자가 모두 비거주자인 경우
② 수증자와 증여자 모두의 주소 또는 거소가 분명하지 아니한 경우
③ 수증자가 비거주자이거나 주소 또는 거소가 분명하지 아니하고, 합병에 따른 이익의 증여, 증여자가 증자에 따른 이익의 증여, 현물출자에 따른 이익의 증여, 특수관계법인과의 거래를 통한 이익의 증여 의제, 특수관계법인으로부터 제공받은 사업기회로 발생한 이익의 증여 의제에 따라 의제된 경우

4 증여재산공제

① 수증자를 기준으로 그 증여를 받기 전 10년 이내에 공제받은 금액과 해당 증여가액에서 공제받을 금액을 합친 금액이 다음의 구분에 따른 금액을 초과하는 경우에는 그 초과하는 부분은 공제하지 아니한다.

구분	증여재산공제액
배우자(사실혼 배우자 제외)로부터 증여를 받은 경우	6억원
직계존속(계부·계모 포함)으로부터 증여를 받은 경우	5,000만원. 다만, 미성년자가 직계존속으로부터 증여를 받은 경우에는 2,000만원
직계비속(수증자와 혼인 중인 배우자의 직계비속을 포함)으로부터 증여를 받는 경우	5,000만원
직계비속 외 6촌 이내 혈족, 4촌 이내 인척으로부터 증여를 받는 경우	1,000만원
직계존속으로부터 혼인일 전후 2년 이내 또는 출생일(입양신고일 포함)부터 2년 이내에 증여를 받는 경우	1억원 (혼인 증여재산 공제와 출산 증여재산 공제를 모두 적용받는 경우의 통합 공제 한도는 1억원임)

Tip ▶ 직계존비속 판정기준
1. 출양한 자인 경우에는 양가 및 생가에 모두 해당한다.
2. 출가녀인 경우에는 친가에서는 직계존속과의 관계, 시가에서는 직계비속과의 관계에만 해당한다. 즉, 시부모와 며느리는 기타 친족에 해당한다.
3. 외조부모와 외손자는 직계존비속에 해당한다.

② 혼인공제를 받은 재산을 혼인할 수 없는 정당한 사유가 발생한 달의 말일부터 3개월 이내에 증여자에게 반환시 처음부터 증여가 없었던 것으로 본다.

③ 혼인 전 증여받은 거주자가 증여일로부터 2년 이내에 혼인하지 않은 경우로서 증여일부터 2년이 되는 날이 속하는 달의 말일부터 3개월이 되는 날까지 수정신고 또는 기한 후 신고를 하는 경우 가산세 적용을 면제하나 대통령이 정하는 방법에 따라 계산한 이자상당액은 부과한다.

④ 혼인 이후 증여받은 거주자가 혼인이 무효가 된 경우로서 혼인무효 소의 확정판결일이 속하는 달의 말일부터 3개월이 되는 날까지 수정신고 또는 기한 후 신고를 하는 경우 가산세 적용을 면제하나 대통령이 정하는 방법에 따라 계산한 이자상당액은 부과한다.

사례 58 증여재산공제의 한도계산

Q 아내가 남편에게 부동산을 증여받아서 6억원의 증여재산공제를 적용받았는데 추후 남편이 아내에게 증여받으면 6억원의 증여재산공제를 적용받을 수 있는지요?

A 증여재산공제는 재산을 받는 자(수증자)를 기준으로 한도를 계산하여 적용한다. 남편이 아내에게 증여하면 수증자가 아내, 아내가 남편에게 증여하면 수증자가 남편이므로, 각각 수증자 기준으로 증여재산 공제 한도 6억원이 적용된다. 따라서 남편이 아내에게, 아내가 남편에게 각각 6억원을 서로 증여하더라도 각각 6억원의 증여재산공제가 적용된다.

사례 59 재차증여 합산과세

Q 작년에 성년인 아들에게 5,000만원 증여하고 증여세를 신고는 했으나 세금을 내지는 않았습니다. 올해 5,000만원, 내년에 다시 5,000만원을 증여하려고 하는데 이러한 경우 매년 증여세를 내지 않아도 되나요?

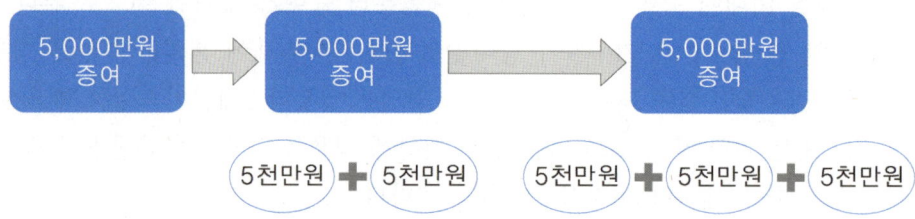

A 해당 증여 전 10년 이내에 동일인에게 증여받은 재산이 있는 경우에는 증여재산의 합계액이 1,000만원 이상인 경우에는 합산과세한다. 작년에 증여받을 때는 직계비속에게 증여시 5,000만원 증여재산공제가 적용되어 과세하지 않았지만 올해 증여받을 때는 작년 금액을 합산하여 과세한다.

사례 60 증여재산공제

Q A씨는 2년 전 아버지로부터 7,000만원을 증여받고 5,000만원을 증여재산공제 받아 2,000만원에 대해 증여세를 납부한 적이 있습니다. 최근 사업 부진으로 할아버지로부터 1억원의 사업자금을 증여받으려고 합니다. 할아버지로부터 증여받은 금액에서 증여재산공제 5,000만원을 다시 받을 수 있나요?

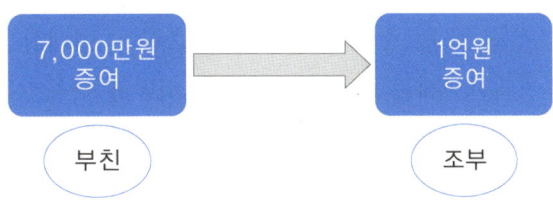

A 재증여의 합산과세는 증여자와 수증자가 모두 같은 사람일 경우 적용하는 것이지만, 증여재산공제는 수증자별 한도이다. 자신의 모든 직계존속으로부터 공제받을 수 있는 10년간의 총 한도가 5,000만원이라는 뜻이다. 따라서 이 경우 2년 전 직계존속인 아버지로부터 증여를 받을 때 이미 5,000만원 공제를 받았기 때문에 이번에 할아버지로부터 증여받을 때에는 더 이상 공제를 받지 못한다.

사례 61 직계존비속으로부터 증여

Q 작년에 부친에게 5,000만원 증여를 받고 올해 모친으로부터 5,000만원을 증여받을 때도 합산과세되나요?

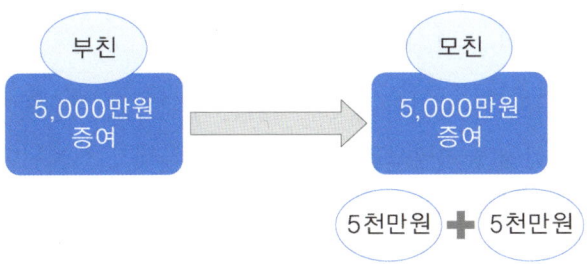

A 직계존속은 동일인으로 보기 때문에 부친과 모친으로부터 증여받을 때에도 재차 증여시 합산과세 규정이 적용된다. 직계존속 1인 및 그 배우자로부터 각각 재산을 증여받는 경우에는 그 직계존속 및 배우자로부터 증여받은 재산가액을 합산하여 과세가액을 계산하며, 합산과세대상 여부를 판정할 때에도 그 합산한 증여재산가액을 기준으로 한다.

사례 **62** 혼인·출산 증여재산공제

Q 곧 결혼하는데 부모님께 주택을 증여받아 신혼집으로 사용하려고 한다. 이 경우에도 혼인·출산 증여재산공제 적용에 문제가 없는지요?

A 혼인·출산 증여재산공제 제도는 보험 증여이익, 부동산 무상사용이익 등 법에서 정한 재산을 제외하고는 일반적으로 증여받은 재산의 종류를 제한하지 않는다. 따라서 부동산, 주식 등을 증여받아도 혼인·출산 증여재산공제 적용이 가능하다. 혼인·출산 증여재산공제는 증여받은 재산을 어떻게 사용하든 제한을 두지 않기 때문에 현금을 증여받아 전세보증금을 지급하거나 부동산을 취득하는데 사용하여도 혼인·출산 증여재산공제 적용이 가능하다.

사례 **63** 혼인·출산 증여재산공제

Q 첫째 아이를 출산한지 2년이 지나서 출산 증여재산공제를 받지 못했다. 둘째가 곧 태어날 예정인데 출산 증여재산공제를 적용받을 수 있는지요?

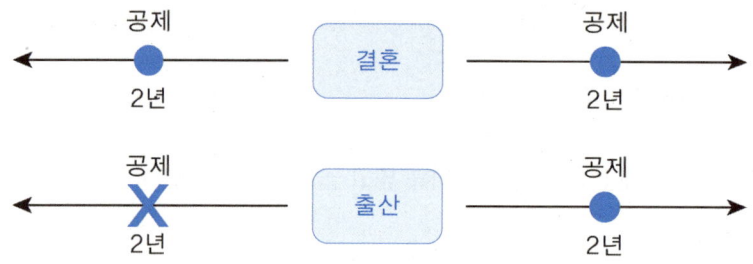

* 단, 2024. 1. 1. 이후 증여분부터

A 출산 증여재산공제는 자녀의 출생순서와는 무관하게 적용되므로 둘째 출생일부터 2년 이내에 재산을 증여받으면 출산 증여재산공제가 적용된다. 다만, 혼인 증여재산공제와는 다르게 출생일·입양신고일 전에 증여받으면 적용되지 않으므로 증여 계획이 있다면 자녀의 출생일·입양신고일 이후에 증여받아야 한다.

또한 혼인 증여재산공제는 초혼, 재혼 여부와는 무관하게 적용되며, 미혼인 상태에서 자녀를 출산하거나 입양을 하더라도 출산 증여재산공제를 적용받을 수 있다. 일반적인 증여재산공제는 10년 한도의 금액을 적용하지만, 혼인·출산 증여재산공제는 수증자를 기준으로 평생 적용받을 수 있는 한도가 1억원이다. 예를 들어, 평생 한도가 1억원이므로 초혼 때 7천만원을 공제받았다면 재혼 때 3천만원을 받을 수도 있고, 또는 혼인했을 때 7천만원 공제받았다면 첫째를 낳았을 때 3천만원을 받을 수 있다.

사례	전체: 1억원 한도				공제 가능여부
	혼인공제: 1억원 한도		출산공제: 1억원 한도		
	초혼	재혼	첫째	둘째	
1	–	–	7천만원	3천만원	가능
2	7천만원	3천만원	–	–	가능
3	7천만원	–	3천만원	–	가능
4	–	1억원	–	–	가능
5	–	–	–	1억원	가능

사례 64 혼인·출산 증여재산공제

Q 2023년 12월에 부모님으로부터 현금을 증여받고 2024년 3월에 증여세 신고하면서 출산 증여재산공제를 적용받을 수 있는지요?

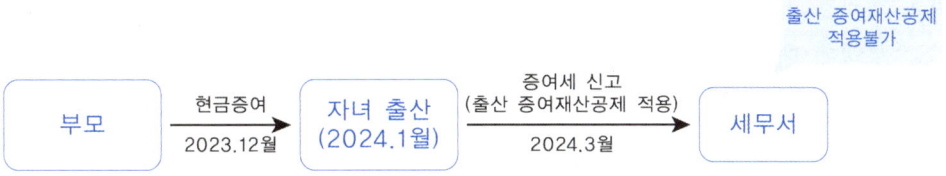

A 증여받은 재산이 현금인 경우 이체받은 날이 증여일이며, 혼인·출산 증여재산공제는 2024.1.1. 이후 증여분부터 적용되므로 2023년 12월에 재산을 증여받았다면 해당 규정이 적용되지 않는다.

사례 65 혼인·출산 증여재산공제

Q 2021년 12월에 결혼식을 올리고 부득이한 사정으로 2022년 12월에 혼인신고를 하였습니다. 2024년 5월에 부모님께 현금을 증여받았는데도 결혼식을 올린 지 2년이 지나서 혼인 증여재산공제를 적용받지 않았는데 출산 증여재산공제를 적용받을 수 있는지요?

A 혼인일은 혼인관계증명서상 신고일을 말하는 것으로 결혼식을 올린 날과는 무관하다. 따라서 사례와 같이 2021년 12월에 결혼식을 올렸더라도 2022년 12월에 혼인신고를 했다면 증여일(2024년 5월) 전 2년 이내에 해당하므로 혼인 증여재산공제를 적용받을 수 있다.

사례 66 혼인·출산 증여재산공제

Q 2023년에 부모님에게 결혼자금을 빌리고 2024년에 빌린 돈을 안 받기로 약정하면서 혼인 증여재산 공제를 적용받았습니다. 혼인 증여재산공제 적용이 가능한지요?

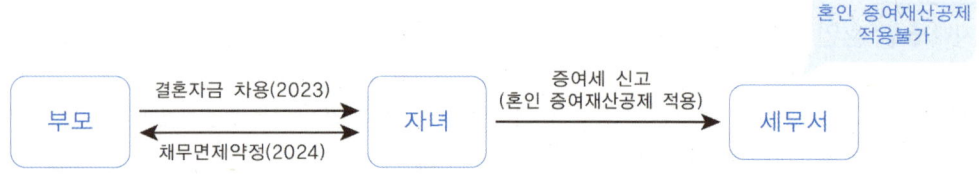

A 채권자(빌려준 자)로부터 채무면제를 받으면 채무자(빌린 자)는 그 면제받은 채무액에 대해 증여세 납부의무를 지게 되는데, 채무자가 채무면제로 얻은 이익은 혼인·출산 증여재산공제가 적용되는 증여재산이 아니므로 2023년에 부모님에게 빌린 돈을 2024년에 면제받기로 약정하더라도 혼인 증여재산공제가 적용되지 않는다.

> **참고** 혼인·출산 증여재산공제가 적용되지 않는 주요 증여재산
> - 보험을 이용한 증여행위
> - 저가 또는 고가 매매에 따라 얻은 이익
> - 채무 면제 또는 변제를 받아 얻은 이익
> - 부동산을 무상으로 사용하여 얻은 이익
> - 금전을 무이자 또는 저리로 대출받아 얻은 이익
> - 재산을 자력으로 취득한 것으로 보기 어려운 자가 취득자금을 증여받아 얻은 이익
> - 재산의 실제소유자와 명의자가 다를 때 명의자에게 증여한 것으로 보는 것

5 증여세 세율

1. 일반적인 경우

증여세는 증여세의 과세표준에 다음의 5단계 초과누진세율을 적용하여 계산한 금액으로 한다.

과세표준	세율	누진공제
1억 이하	10%	-
1억원 초과 ~ 5억원 이하	20%	1천만원
5억원 초과 ~ 10억원 이하	30%	6천만원
10억원 초과 ~ 30억원 이하	40%	1억 6천만원
30억원 초과	50%	4억 6천만원

2. **직계비속에 대한 증여의 할증과세**

수증자가 증여자의 자녀가 아닌 직계비속인 경우에는 증여세산출세액에 100분의 30(수증자가 증여자의 자녀가 아닌 직계비속이면서 미성년자인 경우로서 증여재산가액이 20억원을 초과하는 경우에는 100분의 40)에 상당하는 금액을 가산한다. 다만, 증여자의 최근친(最近親)인 직계비속이 사망하여 그 사망자의 최근친인 직계비속이 증여받은 경우에는 그러하지 아니하다.

6 세액공제

1. **외국납부세액공제**

타인으로부터 재산을 증여받은 경우로서 외국에 있는 증여재산에 대하여 외국의 증여세를 부과받은 경우에는 다음의 금액을 증여세 산출세액에서 공제한다.

```
외국납부세액공제액 = MIN(①, ②)
① 증여세 산출세액 × (외국의 법령에 따른 증여세 과세표준/증여세 과세표준)
② 외국에서 부과받은 증여세액
```

2. **신고세액공제**

(1) 증여세 과세표준을 신고한 경우에는 증여세산출세액에서 다음의 금액을 공제한 금액의 100분의 3에 상당하는 금액을 공제한다.
   ① 징수를 유예받은 금액
   ② 산출세액에서 공제되거나 감면되는 금액

(2) 신고세액공제는 신고기한 이내에 신고한 자에 대하여 적용하는 것이므로 신고한 과세표준에 대한 납부세액을 자진납부하지 아니한 경우에도 신고세액공제는 적용한다.

7 증여세의 신고와 납부

1. 증여세의 과세표준신고

증여세 납세의무가 있는 자는 증여받은 날이 속하는 달의 말일부터 3개월 이내에 증여세의 과세가액 및 과세표준을 납세지 관할 세무서장에게 신고하여야 한다.

> **Tip ▶ 증여세 신고시 제출서류**
> 1. 증여세 과세표준신고 및 자진납부계산서
> 2. 증여자 및 수증자의 관계를 알 수 있는 가족관계등록부
> 3. 증여재산 및 평가명세서
> 4. 채무사실을 입증할 수 있는 서류 등

2. 증여세의 결정과 경정

증여세는 신고에 의하여 납세의무가 확정되는 것이 아니라 정부의 결정에 의하여 납세의무가 확정되는 세목이다.

세무서장 등은 과세표준신고기한으로부터 6개월 이내에 증여세의 과세표준과 세액을 결정하여야 한다. 이렇게 결정한 증여세의 과세표준과 세액을 산출근거를 명시하여 수증자에게 통지하여야 한다.

3. 분할납부 및 연부연납

증여세의 경우에도 분할납부 및 연부연납이 허용된다. 그 내용은 상속세의 경우와 기본적으로 동일하지만 증여세의 연부연납기간은 연부연납허가일로부터 5년 이내에서 해당 납세의무자가 신청한 기간만 허용된다.

사례 67 부담부증여시 증여세 신고

Q. 부모가 자녀에게 전세보증금 또는 대출금이 있는 주택을 증여할 경우 증여세 신고는 어떻게 하나요?

A. 주택을 증여받으면서 해당 주택에 담보된 채무까지 인수하는 부담부증여의 경우 채무액을 공제한 증여재산가액에 대하여 증여일이 속하는 달의 말일부터 3개월 이내에 증여세 신고를 하여야 한다. 한편 증여자는 채무액에 대한 양도소득세를 양도일이 속하는 달의 말일부터 3개월 이내에 신고납부하여야 한다.

메모

2025
메가랜드
부동산
상속세 · 증여세

발행일 2024년 10월 5일 **초판 1쇄**
편 저 이송원, 메가랜드 부동산교육연구소
발행인 윤용국
발행처 메가랜드(주)
등 록 제2018-000177호(2018.9.7.)
주 소 (06657) 서울특별시 서초구 반포대로 81
전 화 1833 - 3329
팩 스 02 - 6918 - 3792

정 가 8,000원
ISBN 979-11-6601-482-6

잘못 만들어진 책은 구입하신 서점에서 교환해 드립니다.
본 책의 내용은 사전고지 없이 변경될 수 있습니다.

Copyright ⓒ 2025 메가랜드(주)
메가랜드(주)는 초·중·고, 성인 입시 1등 교육 전문 브랜드 메가스터디가 설립한 부동산 교육 전문 기관입니다.
이 책은 저작권법에 따라 보호받는 저작물이므로 무단전재와 무단복제를 금지하며 책 내용의 전부 또는 일부를 이용
하려면 반드시 메가랜드(주)의 서면동의를 받아야 합니다.